김수남 金秀男(1944~   )

대전중·고 충남대를 나온 대전의 작가.
1966년 대학 2학년 약관 스무살의 나이로 조선일보 신춘문예에
소설 「조부사망급래」 당선.
『유아라보이(You are a Boy)』 (소설집)
『달바라기』 (소설집)
『개똥지빠귀가 우는 것은 슬퍼서가 아니다』 (소설집)
『취국(醉國)』 (장편) 『따라가서 앞지르라』 (소설집)
『똥구이야기』 (장편)
『유월이 타고 남은 것』 (장편)
『그자들은 쉰네를 똥개라 불렀습죠』 (소설집)
『걸레도둑 만나러 테미에 간다』 (산문집) 『잘가라 사탕』 (산문집)
『왕식이 길배 금은끝순이』 (동화)
『종이비행기』 (시집)
가톨릭 본명은 아우구스티노, 자호自號는 '글보'

이메일   klbo99@hanmail.net
휴대전화 010·4812·1384

종이비행기

이든기획詩選 022

종이비행기

김수남 시집

이든북

작가의
 말

「조부사망급래」란 소설로 등단한 지 60년. 죽음이 더 동무같은 늙은이가 첫시집을 낸다.

　내가 경외하는 서정춘 시인이 이번에 『랑』이라는 시집을 냈는데 거기에 실린 「축일」이란 시가 걸출한 해학이다.

가을 한낮, 마루 밑 짚더미에 첫 알을 슬그머니 낳아놓고 뜻밖의 벼슬자리 걸음마냥 마당을 나와설랑 꼬꼬댁을 힘차게 질러대는 닭님에게 경배를!

그래서 내가 그랬다.
"성님 이걸 제 첫시집 축시로 삼을랍니다." 했더니
"암만요." 한다.
나는 시방 암탉이다.

　이 종이비행기(시詩를 가리키는 나의 애칭)가 한 사람의 가슴속에라도 착륙할 수 있다면 무얼 더 바라랴.

차례

작가의 말   5

1부 꿈꾸듯이 불지르는 미친 내 누이

진달래꽃	13
주막에서	14
황태사黃太辭	16
종이비행기	18
칼국수	30
고집센 언덕	32
그대에게	34
쿠바 좌행坐行	35
런던 좌행	38
연애경戀愛經	39
쌀밥 한가위	40
열여덟 자의 묘비명	42
골목	43
친애하는 나의 영정影幀	46
라트비아, 라는 곶감	49
나의 종자기 루시아	52
너는 타라	54
잔盞	56

2부 자음과 모음으로 만든 그분의 칵테일

달	59
아그네시카	60
옥잠화	62
3월의 뜻	63
낙서	64
늦저녁	67
바다에서	68
코스모스	70
모과	71
쇠비름채송화	72
짝사랑	73

차례

3부 하느님의 동박새는 그렇게 공경하는 거다

느티나무의 기도	77
말잠자리	78
첫	80
탈고	82
김대건 안드레아	84
슬라브집의 멜랑꼴리	86
예수여, 아멘	87
힘껏 늙은 자의 찰나	88
뒷산에 남아있는 것	90
찬란한 건배	92

4부 우리도 매달릴 풀잎 하나 갖자구요

글쓰기	99
금일봉	100
주방장	101
철수의 십팔번	102
디스토피아	104
불부반不復返	106
늙은 아가들	108
씨간장이 덧간장에게	110
춘몽春夢	112
하느님의 개구리들	113

|부록|

선택 — 내 인생의 33년을 베팅하다	117
한글을 품에 안고 프랑스로 여행하라	143

1 꿈꾸듯이 불지르는 미친 내 누이

진달래꽃

진달래는 먹는 꽃
사월 꽃 붉은 꽃

지리산
가야산
묘향산

아무데나 올라가
꿈꾸듯이 불 지르는
미친 내 누이

즈려 밟고 가는 꽃
바라보면 아린 꽃

죽고 죽고
싶어도
죽을 수가 없는 꽃

주막에서

여기는 백제 땅
근초고왕이 산성 쌓아
테미라 불리던 곳

한 잔은 사랑
한 잔은 슬픔
석 잔이면
칠백 년 왕국도 주막 같은 것

어서 드시게
목포댁 손맛이 마실 와서
콩나물국에 빈대떡도 부쳤으니

인생만사 일장춘몽
눈물 삭은 게 탁배기여

춘삼월 이짝 언저리엔
그 뭣이다냐

연분홍 벚꽃들 피었다가는
난분분 난분분 낙화할 거여.

황태사 黃太辭

너희가 나를 낚아 덕장에 세우고는
독한 햇살에 찬바람 그리고 눈보라를
날마다 겨끔내기로 쐬인 뜻은 무어더냐
온몸은 포로 뜨고 대가리는 무치고
장을 치고 파 썰어넣고 후춧가루 뿌려대고
부글부글 속 끓이고 조리고 구워
찜이다 구이다 탕이다하며
쩝쩝 입맛들을 잘도 다시는구나
허나 네 이노옴들
두 눈 부릅뜨고 다시 날 보거라
얼면 동태요 마르면 북어요
온몸이 얼부풀면 몸매도 홀쭉한 빛 누른 황태지만
등은 청갈색 배는 은백색
동해바다 찬 무대를 즐겨 찾던, 내 본시 명선생이 아니더냐
그러나 그보다도 네 이노옴들
일렁이던 쪽빛 물결 물살 가르며
우리 살붙이들 좋아라 나들이할 땐

나는 바닷속 바람이었느니라
그런즉 네 이노옴들
나를 먹을 땐 삼가 공경하여 옷깃을 여미라
너희가 젓가락을 방자히 놀린다면
달아오른 냄비 속 찜으로 있다가도
저 하늘 은하수 청석골에서
꺽정이 칼처럼 세상을 겨눌 것이다

나는 바다의 재즈다
듣거라 너희가 너희인 것처럼
나는 나, 명태이니라.

종이비행기

충청도 서산瑞山은 둘로 나뉜다. 하나는 스산이고 또 하나는 서산이다.

토박이들은 스산이라 하고, 젊은이들은 서산이라 한다

스산이라고 하면 엇구수하고 풀내가 풍풍 난다. 나는 물론 '스산파'다.

7월 어느 날, 스산 변두리에 간 일이 있었다. 아는 이의 문상이었는데 죽은 이보다도 오히려 산 사람 이야기를 흠씬 많이 들었다.

내 귀가 쫑굿, 섰다.

"밭떼기를 일구는 건지 꽃밭을 일구는 건지 당최 알 수가 읎어."

어떤 할망 농사꾼 얘기였는데 오가는 말 속에 무언가 오묘한 곡절이 있겠다 싶었다. 나는 내심 칡넝쿨 같은 사연을 캐보기로 작정했다. 이게 다 글쟁이의 호사가 관성이었다.

아랫녘 말로 징하게 숙성이 된 80 늙은이가 딱히나 바쁠 일도 없어 이튿날 박문수 어사맨키로 세월아 네월아 발길 닿는 대로 걸어서 그 할망을 찾았다.

죽은 이 때문이었을까?

음 생각을 말아요 지나간 일들은/ 음 그리워 말아요 떠나갈 님인데

나는 김정호의 '하얀 나비'를 흥얼거리고 있었다. 그건 내 18번이었다.

그러나 흥에 겨워서는 아니었다.

하늘의 흰구름이 아이스크림처럼 녹아내릴 듯하는 폭염 때문일 것이다. 내리꽂히는 7월의 땡볕을 머리에 이고 김매는 풍경(?)은 처절한 평화였다.

곰삭은 할머니였다. 인생고개 넘어온 품이 나와 어슷하다.

우선 담바고부터 한 대 꼬나물고 나는 김삿갓마냥 넌지시 말을 걸었다.

"아주머니. 어찌 이렇게 혼자서, 모질게 밭일을 하시나요?"

고추도 있고 오이도 있고 얼핏 별의별 것이 가지가지다. 한쪽엔 쑥갓이며 정구지(부추)에 고구마까지 일구는, 한농사였다. 밭이 끝나는 곳에서부터 뜬금없이 마가렛꽃이 그득했다. 그 옆엔 백일홍이 뚱딴지마냥 피어 있었고 노랑원추리 붉은원추리에다 흰나리꽃이 논산훈련소 훈련병들처럼 줄지어 서있었다.

"아주머니란 말 3년만에 처음 듣네. 시방 수작 거는 거여? 아주 막돼먹은 언사는 아닌데."

시쳇말로 나두 뜻밖의 봉변이다 싶었다.

그나저나 이 할머니 말본새가 여간내기 아니다.

"아주머니란 말은 삭제할게요. 희롱한다고 회초리 맞을라."

"삭제한다는 건 취소한다는 말이지야? 할배가 할매라 하면 누가 시비할까."

그렇게 실마리가 풀려서 우리는 둥구나무 밑에서 잠시 쉴참을 나누었다.

그녀가 살아온 삶의 행로는 아닌 게 아니라 굽이굽이 고달팠다.

"복 많이 받고 살라고 내 이름은 박복순이여. 낼모레 여든이구먼."

이야길 듣다 보니 '박 복순'이가 아니라 '박복한 순'이였다.
 내가 쪼르라니 아들만 셋을 뒀어
 고것들 애기 때, 사는 재미가 쏠쏠했지
 엄마는 아가가 셋이면 눈 감옥에 다 잡아넣을 수가 없어
 하나가 내 가슴에서 식량을 구하는 중이면
 또 하나는 궁둥이 출구에 똥을 매단 채 직립보행 중이지
 그러면 젖먹이가 젖 빨다 말고 그걸 빤히 봐
 체신머리 없는 제 형을 딱하다구 쳐다보는 거지
 그러다간 옹알옹알, 아마도 제딴엔 혼내는 거 같어
 둘째는 내 빈 가슴을 노리는 식탐이 펄펄 끓어
 아가들이 그러는디 애 아부지꺼정 왜 내 젖을 바라보는지 몰러
 하여간 단추 네 개가 내 옷에 데렁데롱 매달린 것 같어
 오순도순 그러던 그때가 이 복순이의 한시절이었던 겨

 아들 셋 낳아봐. 든든혀. 날마다 찰떡 먹는 기 같어.
 아들 안 낳아본 여자는 이 땅의 계집도 아니라는 듯 위세가 하늘을 찌른다.
 "그런데 어느 날부터 꼬이기 시작한 운명이 저 가구 싶은 데루 굴러갔어. 맨먼저 큰놈이 군인 가서 죽은 겨. 뭔

일루 왜 죽었는지두 몰러. 그냥 사고사랴. 큰놈만 죽었으면 하늘님만 종주먹질하면서 살려구 했지. 그랬더니 웬걸 둘쨋놈이 도회지 공사판엘 나갔는디 무슨 빌딩 짓는 막일이었어. 갸가 글쎄 4층에서 떨어졌지 뭐여. 즉사지 뭐."

"그래서유?"

"그래서유, 라니? 아들이 셋이라구 했는디 마저 죽일겨?"

말끄트머리를 나꿔채 그 속뜻을 버무리는 솜씨가 사기꾼 저리가라다.

"괜히 애먼 사람 악당 만들지 마시구, 아무래도 뭔가 더 있어보여요"

"댁이 아퀴를 지어봐."

"하나 남은 막내를 죽일 순 없고, 바깥양반은 무사하우?"

"아무래두 이 양반이 소설 쓰는 사람 같어."

"아주머니 아니 할머니, 내가 바로 소설쟁이요."

"넘겨짚은 게 아니라 제대루 똥 짚었네. 그럼 어이 말해봐."

"바깥분도 돌아가셨나요?"

"무슨 암이라는데 내 생각엔 홧병이여. 둘째 죽은 이듬해에 황천 간다구 휘적휘적 갔어."

"아이쿠 그래 그 세월을 어찌 살았단 말이요?"
"누가 죽여주기 전엔 그냥 살아지는 게 인생어."
오오라, 정말 박복한 순이였다.
그 바람에 막내는, 하루아침에 맏이가 되고 하루아침에 외아들이 됐단다.
내가 공부 못하는 놈처럼 물었다.
"그나저나 사람들이 왜 그런 말을 한대유?"
"뭔 소리여?"
"농사를 짓는 건지 꽃밭을 일구는 건지 당최 알 수가 없다는 말."
"으응 그 말여? 평생 목구녕 채우는 농사 지었으니 이젠 눈구녕두 채우며 살아보자 뭐 그런 심사지 꽃농사 지은 거는 다 눈으로 들어가 먹거리와 볼거리가 다 소중한 것이니께."
박복순 생각은 꼭 동학농민 같다.
"저어기 저건 마가렛꽃이쥬? 아참 백일홍두 참하게 있네."
"정구지허구 쑥갓은 안 보이는거여. 그게 죄다 꽃이여."
내가 의아한 시늉을 하자 말을 보탰다.
"부추 부추 하는디 그게 정구지여. 부추꽃의 꽃말은, 나두 줏어들은 소린디 '변함없는 사랑'이랴."

갑자기 웬 꽃말 타령? 하다가 에이, 하고 말았다.

"저 부추, 처음엔 죄 잘라서 장에 내다 팔어. 그러다가 유월이 넘으면 그냥 냅둬. 꽃 볼라구."

"부추꽃?"

"월매나 이쁜지 몰러. 토종은 흰색이지만 요즘엔 종자가 많아져서 자색두 있댜."

"하아, 그래요?"

"쑥갓꽃하구 저 마가렛이 서루 지가 더 이쁘다구 자랑질이여. 쑥갓두 꽃 피기 전엔 내다 팔지만 이제부턴 냅둬 꽃 볼라구."

"부추꽃 쑥갓꽃이라. 오늘 처음 알았슈."

"도회지 글쟁이가 그렇지 뭐. 오이두 노랑꽃 피구 가지두 피구 냅두면 뭐든지 꽃이 펴. 죄다 이뻐."

"꽃밭일랑 집에서나 하시지 뭐하러 밭 옆에 일군대유?"

"울면서 태어난 년이 이젠 웃어야지. 꽃두 가꾸면서."

일흔여덟 살 먹어서 '박복한 순'이가 한글을 깨쳤단다.

접때 정월 초하룻날엔 춘향전의 사랑가 대목을 읽기도 했다.

읽다 말고 박복순이가 깔깔깔 웃었다.

"이리 오너라 업구 놀자. 고것들 참맬로 재미스럽게

노네."

"앵, 웃었다구요?"

"웃다가 내가 아차 숭하다 싶긴 했지. 내가 웃으니까 막내 눈동자가 왕눈깔사탕만큼 커졌어."

"아니 왜요?"

"내가, 안 웃어본 지가 까매."

박복한 순이의 말투에 이슬이 어렸다.

"내가 막내한테 편지를 썼어. 참 내가 얘기했던가? 막내는 시방 서울 살어. 죽어라구 장가 가서 죽어라구 용쓰드니만 덜컥 남매를 뒀어. 제딴엔 나 위한다구 그렇게 욕본겨."

"저런."

"낙엽 지는 가을이면 밥상머리에 앉아 연필을 꼬누었지. 그래봤자 한 달에 한 번일까 싶은디 더 자주 쓰고 싶어두 부러 참었어. 막내가 맨날 타박혀. 엄니 편지는 어째서 맨날 '꾹꾹 편지'여?"

(내가 속으로 그랬다. 침 발라서 꾹꾹 쓰는 편지 그건 연애편지라우.)

"한번은 동안거 수행을 끝낸 스님이 뜬금없이 내질렀던 말이 있어. '인생은 종이비행기 같은 것이다' 모든 게 공^{空}이야. 사는 게 죽는 거구 기쁜 것두 슬픈 거다. 내가 가끔 절에 간다는 말을 했등가?"

"안했슈. 뜬금없이 종이비행기는 또 뭐래요?"

"어이구, 말이 길어지니께 할 말두 빼먹구. 나 치매는 아녀."

이제는 막내이야기가 젤 궁금했다.

"갸가 내가 걱정시러운지 능청두 부리구 자꾸만 우습게 굴어. 서울 와서 즈들이랑 같이 살자구 하 들볶아서 내가 그랬어. 느그 아부지 외로버서 안돼. 느그는 느그끼리 괭이밥꽃처럼 살어. 종이비행기두 언젠가 갸가 나헌테 장난친 겨. 빨래 너는데 갸가 종이비행기를 날렸어. 종이비행기가 제비처럼 달려들길래 나도 모르게 깔깔깔 웃었지. 갸가 그러대. 엄니 그렇게 웃어 제발."

"엄니, 진짜비행기 한 번 태워드릴게유."

"이것아 그런 뜻이 아녀."

아무래두 막내의 속이 깊은가보다.

글자를 배우고 나서 그랬단다.

"슨상님한테 배운 한글이 내 품에 앵겨서 옹알이를 혀. 글자를 쓰믄 그게 괭이밥꽃처럼 노오랗게 옹기종기 모여들어. 그때마다 가슴이 자꾸 덜렁덜렁대. 매치 도둑질하다가 들킨 것 같어."

(참, 박복한 순이 집에까지 가서 우리는 아예 막걸리 한 잔, 판을 벌였다.)

"요즘엔 막내가 자꾸만 말을 걸어. 얼마 전에두 공자님 먹 가는 소리를 햐."

그녀가 얼근한 손으로 막내가 보낸 편지를 내밀었다.

가을엔 아무것도 배우질 말아요 읽지도 말고 쓰지도 말아요 될 수 있으면 아무말도 말아요 어디에선가 워낭 방울소리가 들려오면 가만히 귀나 기울이도록 해요 바알갛게 익어가는 능금에 눈길만 주도록해요 낙엽이 떨어져 구르면 슬퍼하지 말고 손이나 흔들어요 그러니까 당신의 둘레에서 살아가는 사람들을 하나하나 떠올리기만 해요 살아온 날들을 생각하지 말아요 살아갈 날도 손꼽지 말아요 사랑도 탐내지 말아요 그건 달님 별님들의 비밀 같은 것이니까 당신이 바람이면 나는 당신이 흔드는 소리 그러니까 우리는 없음으로 그저 가을을 나누기만 해요 밤이 깊어질수록 깊디깊음을 그저 느끼기만 해요 가을이 깊어지고 으스름 밤이 오면 당신의 꼬마등에 불을 켜고 그리운 것을 그리워해요 그리운 유년시절도 불러봐요 왕식이 길배 금순이 은순이 끝순이, 그리운 것들은 꼬마등을 켜야만 만날 수 있어요 가을은 언제나 그랬어요.

"이게 내 답장이여. 두 벌 써서 한 벌은 기념으루 갖구 있어."

> 까치가 허옇게 얼어죽을 때두 아닌디 글쎄 어쩐 일이 라냐 낭구 잎사구들이 올해는 싸게두 졌다 순덕이애비 너두 알지야 그 냥반두 벨일이다 일껀 저녁 잘 자시구설 랑은 웃말에 바람 쐬려 간다 했등가 샘골에 마실간다 했 등가 하여간 하드니만 느그들 에렸을 때 휭하니 뻗질나 게 가던 둥구나무 안 있는 겨 바루 그 아래 언덕빼기 거 그서 건넌산 보든 채루 달 구경 하드키 앉음새루 고렇 게 먼길을 갔어 사람목심 질기단 말두 죄다 맹글은 소리 여 문밖이 저승이란 옛말 그른 법 읎으니께 이것아 너두 몸조심 혀 젊다구 삭신 마구 굴리지를 말어 입맛 없다구 깨지락거리는 것두 벌 받는 짓여 쌀 한 톨에 느이 아부 지 피가 밴 걸 생각혀 귀뚜락지 운다구 괜시리 청승 떨 지 말구 에미젖 만질 궁량 있으면 어이 집에 댕겨가 하기 사 에미젖두 이젠 꼭지뿐여 시방은 뭐등지 그전하군 달 러 때 되면 연둣빛 봄 어김없이 오는 거 그거나 같으까?

씨름 못하는 놈이 생다리 꺾듯이 박복순이가 나한테 뜬금없이 한 마디 했다.

"글쟁이 양반, 우리 친구 할까?"

내가 눈만 꿈벅거리자 윽박까지 지른다.

"나 죽으면 저승길 노잣돈 부주할 것두 없구 간장종지에다가 눈물이나 몇 방을 떨구면 되는 겨. 그런 친구, 워뗘?"

엉덩짝에 힘주다가 "불감청이언정 고소원이유." 했다.

"그게 '예스'라는 말 같은디."

막걸리 걸음으로 문밖을 나서면서 박복순에게 손을 흔들었다.

"스산 바람 쐬러 한 번 더 와. 도둑눈처럼 와도 돼."

"도둑눈?"

"한밤중에 도둑처럼 몰래 오는 눈. 아침엔 시치미 떼고 멀쩡혀."

"친구, 몸 성히 늙어."

가다가 목덜미가 간지러워 뒤돌아보았다.

바람을 보내는 빨래처럼 박복순의 손은 아직도 하늘 한 귀를 흔들고 있다.

칼국수

찬 없어도 한 술 뜨거라
그 무렵 우리는그저
짜글짜글 몸살 앓는 투가리가 안쓰러워
시래기 무침에 된장찌개 하나로도
찬밥 한 덩이 게 눈 감추듯 먹지 않았더냐

매화 터지는
열 두살 땐
담 넘어 옆집 계집애
엄니 몰래 훔쳐보면서
허기진 배 내색도 못했지

그때 엄니는 홍두깨로 밀어 굵게 썬
칼국수를 내오고
우리 남매들은
뜨거운 가난을
눈물처럼 삼켰다

칼국수는
엄니의 허리께와 밥상에 어리던
한 그릇의 여름날 서녘이었다

배고픔도 사랑도
두루두루 생각나는
그 옛날 저녁나절

그런 날들의 반죽과 칼국수
후후 불며 그 국물을 뜨고 싶다

고집센 언덕

"예수님" 하고 부르자 그녀가 화들짝 놀랐다
"'예비수녀'의 준말입니다"
그녀가 종신서원을 한 뒤에는 이렇게 부르려고 했다
"예수님"
또 화들짝 놀라면 그 대답은 이럴 참이었다.
'예쁜 수녀님'의 준말입니다."
어느 날 예수는 파계하고 홀연히 세속으로 되돌아갔다

2000년대가 열리려는 무렵 대전의 목동에
근사한 술집이 나타났다
소설 쓰는 여자가 주인이었다
기타가 있고 노래가 있고
상호가 도발적이었다
"바람을 꿈꾸는 여자"
한 2년 우리는 김유신의 말처럼 들락거렸다

어느 날 바람을 꿈꾸는 여자는

들려온 소문에 비구니가 되었다고 한다

내가 '그녀'와 '그녀' '그녀들'의 곁을 지나
내 산등성이에 이른 것처럼
그녀들도 수많은 아무개들의 곁을 지나
어느 언덕에 올라섰을 것이다

나는 나와 그녀들이 오른 그 세상을
'고집센 언덕'이라고 명명했다

그대에게

만약에 나를 만나고 싶거든
두메두메 산자락 어느 모롱이
아무도 밟지 않은 흙으로 오라
잠 못 들어 뒤척이던 까닭으로 오라

시리도록 그대를 보고 싶다
행여 그대가 두둥실 달로 뜨면
나는 청솔가지 지핀 연기가 되어
머리 풀고 하늘 끝에 피어 닿으리

자, 빈 잔에 그대를 가득 채워서
흘러가는 나를 취하게 하라
가야 할 그곳이 청산이라면
맨발에 피가 맺히더라도
이 밤도 우린 또 가야 하니까

쿠바 좌행 坐行

체 게바라와 헤밍웨이의 실루엣이 걸어다니는 쿠바의 시간이 내 앞에 누워 있다.

늙은 몸을 비행기에 싣지 않고도 나는 하늘을 건넜고 당나귀를 타지 않고도 100리 길쯤은 너끈히 빠댈 수 있으니 좌행의 안복眼福은 그냥 호사스럽다.

달콤한 설탕 때문에 일찍이 사탕수수 농장의 노예가 득시글거렸던 눈물의 땅 쿠바.

설탕과 금과 구리와 석면을 가득히 실은 배는 그 '착취'를 스페인에 부려놓고 다시 노예들의 피와 땀을 거두기 위하여 쿠바로 되돌아왔다.

텅 빈 배의 중심을 잡고자 돌아오는 빈 배에는 스페인의 돌멩이가 가득히 실렸다.

그 돌멩이들이 바로 트리니다드의 골목에 깔린 호박돌이다.

바로 그런 골목 하나에 내 눈길이 멈췄다.

어쩌면 헤밍웨이의 주인공 산티아고가 걷던 골목일지도 모른다.

쿠바는 아들과 딸들에게 행복한 카톡을 보낸 바 없다.

그런데 누가 이렇게 빛나는 햇살과 호박돌, 저 끄트머리 파스텔톤의 집들과 시간을 깔아 놨을까?

낡은 것과 공존하는 쿠바의 트리나다드 골목.

천천히 걸어가는 남자의 귀가는 스페인의 채찍에 쫓기는 노예의 도주가 아니다.

GPS (자동위치측정시스템)도 없이 헤매는 게 아니다.

그것은 방황이 아닌 평화다.

쿠바의 곳곳을 쏘다닌 행복한 하루, 게다가 나는 페루의 시인 세사르 바예호까지 만났다.

이만하면 설렁탕 한 그릇 안 먹고도 '운수 좋은 날'이다.

바예호의 시구 하나에 가슴이 자르르 저려온다.

"어머니는 내 외투 깃을 올려준다.

눈이 와서가 아니라, 눈이 오라고 올려준다"

* 좌행은 '앉아서 티브이나 사진 따위로 보는 앉은뱅이 여행 말하자면 가짜 여행'이다.
나의 해외여행은 고작 중국 두 번, 일본 한 번 그게 다다.
해외여행을 별로 못해본 나의 여행법이다.
좌행 두 편은 에세이스트이면서 여행가인 사진작가 김선경 님(필명 전나무, 아호 적우행寂雨行의 사진을 보고 쓴 것이다.

런던 좌행

영국 York의 거리. 네 살쯤 먹은 아가가 웃음을 머금고 있다.

나도 어서 빨리 소녀가 될 거야. 자전거도 타다가……걷다가, 바이킹과 로마의 이야기를 찾아……빅토리아 여왕을 만나서 재잘대다가, 샘블즈 거리에선 초콜릿 한 조각을 입에 넣고, 그러다가 초록 언덕의 바람도 쐬고……그런 생각을 하고 있을까?

원피스의 무늬는 아가가 만나고 싶은 스티븐 스필버그의 판타지일지도 모른다.

한쪽 눈을 찌부러뜨린 눈매, 세상에 보내는 아가의 웃음은

……마술처럼 신비스럽다.

가만히 보니 아가는 스팽글이 달린 선글라스를 꽉 움켜잡고 있다.

마치 그것이 자신의 미래를 볼 수 있는 보물이기라도 한 것처럼

아가의 웃음은 신의 이모티콘이다.

연애경戀愛經

저세상에서 당신은 내 각시다
빨리 죽고 싶다
아니다 이 세상에서
더 두근거리고 싶다

쌀밥 한가위

열두 살 넘어서도
쌀밥은 나를 개무시했고 능멸했다
다가오는 척하다가는 절교를 선언했고
접근금지명령을 내리기도 했다
나는 입술을 깨물며 안내했다

휘영청 배부른 달
콧구멍에 흘러들어오는 참기름 냄새
귀 기울이지 않아도 들려오는 소리들
지글지글 끓는 것 지지는 것 볶는 것 도마질하는 것
도란도란, 까르르 화사한 목소리들
윗목에 개어놓은 추석빔, 물에 담겨있는 쌀
무나물, 도라지나물, 숙주나물
엇비슷하게 썬 대파
잡채, 토란, 발목이 묶인 암탉
쇠고깃국, 생선전, 애호박전, 산적, 나박김치
수줍은 쌀밥 마침내 상에 올랐다

사흘만 지나면 쌀밥은 없다
쌀밥의 졸개들도 없다

달하 노피곰 도ᄃᆞ샤
머리곰 비치오시라
행여나 쌀밥 도망갈셰라
어긔야 아으 다롱디리

열여덟 자의 묘비명

'타조의 꿈'을 꾸다가 떠나는

네 시의 '새벽기행'

* 나보다 10년 연상, 등단 또한 10년 빠른 글 선배 최상규. 나는 그를 10년 동안 공경하며 함께 술 마셨다. 그가 운명한 그날, 그의 아낙이 나에게 묘비명을 간청했다.
"선생님, 돈 안 들게, 스무 자 넘지 않게."
'타조의 꿈'은 그의 중편소설이고 '새벽기행'은 장편소설이다. 그가 운명한 시간은 1994년 1월 16일 새벽 4시. 이 모든 것을 아우르는 열여덟 자, 그것은 결국 가난의 산물이었다.
2006년 월간문학 7월 호에 '악령의 늪을 건너 날아간 타조'라는 제목으로 나는 최상규 실명소설을 발표했다. 내만에는 그가 나에게 준 사랑의 빚을 갚은 셈이다.
영동읍에서 김천쪽으로 가는 순복음교회 묘지 두 평. '단맛을 거부한 영혼' 대작가 최상규'는 열여덟 글자로 누워 있다.

골목

중세의 역사가 서린 고색창연한 골목도 좋다
멕시코의 허름한 타스코 골목도 꽤 근사하다
보헤미안 룩을 입은 노트르담의 집시처녀 에스메랄다
그녀가 어디선가 튀어나와 바람처럼 걸을 것 같은 골목도 괜찮다
새것보다 더 멋있는 헌것의 담박
처마 밑의 벽시계는 시간의 미라다
지붕인지 대문인지 빗자루가 매달렸는데 누군가 쓰고 다니던 모자 하나를 턱하니 걸어놓았다
마음에 들면 툭툭 털어 허락받지 않은 채 쓰고 가도 된다.
낙서 같은 골목, 칙칙하지만 편안한 벽 색깔, 블록색깔은 한두 가지가 아니다
골목은 좁아도 괜찮다 골목이 좀 커지면 맥주가게가 나타날 거고 그러면 잠시 쉬어 갈 것이다
교회 첨탑은 하느님 똥구멍 찌르겠다.
하얀 벽면과 연갈색 지붕은 서로 시샘하지 않는다.
기하학적 골목 고딕양식의 가옥.

르네상스시대의 옷과 바로크시대의 악기에 18세기 가면무도회가 열리면 희랍인 조르바 안소니 퀸이 술에 취해 한바탕 춤추는 골목

좌판을 벌여놓은 할머니가 예쁜 장신구를 파는 곳 그녀의 행복한 주름살도 팔았으면 좋은 그런 골목

밀랍 색깔의 집들은 크레파스화 같다

4층 5층의 높은 집들도 마주보며 뻗디니만 풍경 드로잉처럼 골목들은 서둘러 모여들었다

분홍색 창문엔 등불이 걸렸고 대문 앞에는 장독 같은 화분에 꽃을 심었는데 그건 집주인의 자작시다

골목을 빠져나오면 광장인데 화가들의 수염은 자화상에서보다 더 자랐다

전통옷과 청바지 그건 17세기와 21새가가 마구 섞인 짬뽕 같은 것이다.

골목은 다른 골목의 손을 잡고 어디론가 자꾸만 끌고 간다

가다가 꺾이고 다시 휘돌아가고 가다보면 왼쪽 가다보변 다시 오른쪽으로 꺾이는 골목

비밀아지트의 밀회를 품은 카페, 그 옆엔 도자기와 타일을 빚는 공방

유리공예품, 가죽제품, 모자가게, 미술품 갤러리, 이 골목의 왕초는 누굴까?

한번쯤은, 그런 골목에서 사는 것도 괜찮으련.

친애하는 나의 영정影幀

이별은 고독을 생산하고 관계를 폭파한다
그런데 클레멘스 신부가 시애틀 한인교회로 발령을 받았다
그는 나의 장자다
그는 그곳에서 5년을 사목(司牧)할 것이다
우리는 뜻밖의 습격에 당황했다 그러자 작은애가 말했다
슬픔을 살해하려면 가족사진이라도 찍어요

톰 행크스와 맥 라이언 주연의
'Sleepless in Seattle'
나는 '시애틀의 잠 못 이루는 밤'을 걱정했다
뒤척이지 마시게 클레멘스

사진관이 영정사진을 선물했다
그 심오한 배려는
내 공간이동의 좌표가 될 것이다
내 친구 난봉꾼의 '죽기 전 반야般若'는 절묘했다
왕소군은 방귀 소리도 절세였다……는데

이보게 영롱한 말은 죄다 요괴여

앵초도 지고
뭇 홍紅도 지는데
방귀는 향그럽다

클레멘스의 쉐보레말리부는 12만km를 뛴 마라토너다
아내의 쏘나타는 스무 살짜리 인력거다
이별은 이별을 낳는다
아내는 쏘나타와 헤어져 쉐보레를 맞아들였다
중고차 매매상에게 넘어간 인력거는
동남아 어디쯤에서 심장을 멈출 것이다
아내는 하얀 손수건 대신 쏘나타를 휴대폰에 담았다

매운 국물의 추억에 젖거나 간장게장에 대한
그리움 따위는 버려라
고궁古宮처럼 뻘쭘하던 나를
벙찌게 할지도 모른다

나는 헐리우드의 명배우가 아니다
삼장법사의 대오大悟도 쓸쓸함도 없는
파블로 네루다의 동심도 도망친
닥터 지바고의 설원雪原에서 뒹굴어보지도 못한
이반 데니소비치의 철창은 언제 겪었으랴

나도 아니고 내 짝퉁도 아닌 오래된 얼굴
저 80년의 밍밍한 표정
네가 정말 나냐?
그러다가……나는 나에게 비로소
머리를 숙였다

봄은 깊고 영정은 그윽하다
오늘은 노랑무늬 흰붓꽃이나 그려볼까?
그래, 연필 드로잉이 좋겠다

부끄러울 만큼의 게으른 생生이었지만
나의 둘레에도
머지않아 관대한 어둠이 밀려올 것이다.

라트비아, 라는 곶감

내 친구 셋은 꼭 발틱 3국 같다
어이, 에스토니아 리투아니아 라트비아
나는 땡감시절부터 그렇게 불러댔다

살았으면 맞았을 환갑을 사갑死甲이라 한다는데
에스토니아 가고 리투아니아 가고
나는 둘의 사갑까지 챙겨주었다

내 반 백년 지기知己는
대롱거리는 단추마냥
걸핏하면 약속에 늦는 라트비아 하나

깊은 가을 어느 날 라트비아에게서 전화가 왔다
어이 단추, 어쩐 일이야?
이따가 거기서 만나

오후 유시酉時 5분 전 도착
나는 거기에 앉아 기다리기 시작했다

탁배기 한 주전자를 시켜 두 잔째를 마셨다

아에프페(AFP) 통신이 돌연 소식을 알려왔다
세기의 미남 알랭 들롱, 자택에서 타계
향년 88

생긱난다 르네 클레망 감독의 '태양은 가득히'
푸른 지중해 하이얀 요트 그 이글거리는 여름
그리고 들롱의 눈썹

석 잔째의 탁배기 잔에
유행가 한 소절이 둥실 떠올랐다
'마지막 잔이다 날이 새면 이 항구도 이별이란다'

찌그러진 주전자가 가벼워졌다
들롱보다 못생긴 라트비아
아에프페(AFP) 통신은 라트비아에게 관심이 없다

내 뺨은 저녁노을을 좋아한다
바알갛게 나는 한참을 멍때렸다
단추는 오지 않는다

늙음이라는 슬픔을 식용유에 튀기면
겉바속촉의 식감을 낼 수 있을까?
한강 작가의 작품 하나가
'소년이 온다'라던데

라트비아는 곶감이다
흰 가루 뒤집어 쓴 곶감
항아리 속에 음전히 있으면 좋으련만

라트비아
이 황갈색은
대체 어디로 외출한 것일까?

나의 종자기 루시아

백아절현伯牙絶絃의 고사가 떠오른다.
백아의 거문고를 알아들은 사람은 오로지 종자기 하나였다.
백아가 강을 타면 종자기는 뱃사공이었고 백아가 별리의 슬픔을 타면 종자기는 눈물에 젖은 귀를 쫑긋 세웠다. 그것을 세인은 지음知音의 경지라고 일컬었다.
종자기가 죽자 백아는 거문고의 줄을 끊었다.

내 글을 끔찍이나 좋아하던 분이 있었다.
이름은 루시아
루시아의 손가락은 서릿발처럼 나의 연재소설 '취국醉國'의 집단섹스 장면을 겨눴다
흥미를 끌어모으기 위해서라지만 그것은 독약이에요
루시아의 혀는 날카롭게 내 수필집을 어루만졌다
우리들의 현재는 슬픈 가난에서 비롯했지만 그건 별빛 같은 거라구요
루시아의 눈은 독수리처럼 내 글을 쪼았다

소설은 발로 뛰는 것이라고 들었어요 마라토너처럼 더
달리세요
　루시아의 말은 게으른 내 가슴을 후볐다
　타고난 글재주는 저녁노을이 되기도 해요

　루시아가 오랜 투병 끝에 8월의 끝자락에
　저세상으로 갔다. 백아는 거문고 줄을 끊었지만
　나는 글을 끊지 못했다
　삼천 권도 팔아보지 못한 비非베스트셀러 작가

　내 낡은 마당에 어디서 날아왔는지
　둥글게 말아낸 남보라 소리
　나팔꽃이 피었다.
　따따따 따따따
　이 여름에 나의 종자기, 그녀의 나팔이 운다.

너는 타라
- 지리산 단풍

너는 타라
타서 깊은 가을로 가라
사랑은 전율 같은 것

저 영원한 슬픔을 만나고자
피를 머금고 분신하는
다비식

너는 타라
타서 사람의 가슴 속
그 가난한 기슭으로 가라.

* 단풍은 산이 못내 좋아 스스로 가슴앓이 하는 신神의 상사병이다. 그렇지 않고서야 어찌 저리 황홀히 슬프게 산을 태우는가.

그런 생각으로 가라앉아 가는데 갑자기 김아무개가 바위를 몇 개 넘어 쪼르르 오르더니만 선혈 같은 단풍잎 몇 장을 따온다.

김아무개는 빠알간 단풍잎을 종이잔 바닥에 깔고는 내 잔에 찰찰, 홍 아무개, 강 아무개의 잔에 찰찰, 소주를 따른다. 그러자 맑갛고 허옇게 빈혈이던 소주는 소주가 아니라 그야말로 핑크 레이디 아니면 보드카 선 라이즈 칵테일이다. 그 기발한 깜짝 생각에 취하고 소주잔에 담은 단풍과 붉은 복사꽃 떠서 흘러가는 홍유수紅流水처럼, 가을산에 취해 도도히 적막공산을 주거니 받거니 우리 넷은 가을사랑을 마셨다.

가을은 우리들의 무상한 생애를 두루두룩 보듬고 싶은가 보다. 그러나 지리산이 어찌 사람에게 한낱 안복眼福만을 주려고 저렇게 타오르겠는가.

지리산은 품에 지녔던 잎새 그 백팔번뇌를 다 버리고 나목으로 해탈하고자 정진하는 수행자이다. 활활 타오르는 지리산은 지리산 스스로가 치르는 다비식이다. 이곳저곳 나뭇가지에 영근 열매들은 아마도 다비식에서 나온 사리일 것이다.

잔盞

숙꾼이 말했다
지금껏 1만 8천 잔을 마셨지만
한 번도 취한 적이 없었다

잔은 배가 되어
그의 생애를 저었다

그가 죽자
잔이 말했다
마지막 한 잔애 취하는 것을.

2 자음과 모음으로 만든 그분의 칵테일

달

초가 지붕 위에서 박 시늉도 하다가
으스름 냇물에 빠진
건넌마을 큰애기

마실 가다 부엉이 등에 업혀도 보고
뜬금없이 산마루에 휘영청 올라
그으예 누렁이에 한 입 물리던
새벽이면 해쓱 허기진 눈빛

아그네시카

대학 1학년 때 그러니까 스무 살 그 무렵
마르크 플라스코의 소설 제8요일 속에서 나는 폴란드
처녀 아그네시카를 만났다
나는 그녀를 그리스의 요정 칼리스트라고 생각했다
그러나 그녀는 한 끼 밥을 지어놓고 나 몰라라
하늘귀로 사라지는
푸른 굴뚝연기 같았다

짐승처럼 이럴 수는 없어요
위스라강 언덕 풀밭에서
아그네시카가 피에트레크에게
원했던 건
사면이 벽으로 막힌
방 한 칸의 정사情事

피에트레크가 마침내 말했다
"아그네시카, 우린 그만 헤어지는 게 좋겠어. 모든 것을 단념하고 추억만을 간직해."

"당신이 인생에서 배운 게 겨우 그거야요? …단념 뿐인가요?"
 나는 말할 것도 없이 아그네시카 편이었다
 "염소만도 못한 놈. 사내자식이 기껏."

아그네시카의 이름은 아그네시카가 아닐지도 모른다
마리아나 폴리나일지도 모른다 그게
가장 흔한 폴란드 이름이라니까

폴란드에 아그네시카는 없다
아무도 그녀의 소식을 모른다, 그녀가
사는 곳은 내 가슴속이다

옥잠화

못내 그리운 그이를 만나
얼마나 설레다 허둥댔는지
족두리는 나 몰라라 팽개쳐버린
초록원삼 첫날밤 하얀 옥비녀

이 산 저 산 떠돌던 솔바람
달빛에 잡혀 뜰에 내리면
한떨기 수줍게 옷고름 깨물벼
향내 어쩔세라 피어난 아씨여

귀뚤뚤 귀뚤뚤
귀뚜리만 취해서 밤새워 울고.

*나는 '옥잠화'를 '비녀꽃'이라고 부른다.

3월의 뜻

피를 다오 피를
뜨거운 피를 다오
밍밍한 맹물로는 조팝나무 눈조차 트질 않느니
가슴을 데워 몸 비트는 버들호드기처럼
피를 다오
펄펄 끓는 피를 다오

사랑을 위해서라면
섣달 그믐달 중동에
한평생 꼰 새끼줄 걸어
목 매달고 죽어도 좋아

피를 다오 피를
수미산 산자락
열반의 정토 못가도 좋으니
산 것의 피를 다오

낙서

나의 낙서는 오늘도
아이돌처럼 춤을 춘다
종이 위에서 벌거벗은 채 뛰어다니는
캘리그라피
낙서는 과거에서 현재로 건너오고
이제는 숫제 미래로 떠나는 나그네 같다

'까르르'라고 쓰면 곱다란 처녀들이 웃는다
'낄낄낄'이라고 쓰면 잘생긴 소년들이 홍조를 띤다
'오라버니' 하고 간드러지게 쓰니까 느닷없이 튀어나
온 청춘은 댕기를 늘어뜨린 조선시대 총각들이다
'오빠' 하고 부르니까 총각들의 귀가 발갛게 선다
그들은 좋아죽는다
내가 '키득키득' 웃는 까닭은 나도 전염되었다는 증거
다

jetstream이라는 볼펜을 샀는데 그게 썩 맘에 든다
요새 세상에 똥 싸는 볼펜이 어디 있으랴만

이놈은 글씨를 써도 항문이 고결하다

낙서를 하면 슬픔이 짜증을 보쌈하여 어디론가 도망친다
이번에는 우연히 '캭'이라고 쓰고 침을 뱉었다
그러자 힘이 센 자들과 대 저택과 5만원권 돈뭉치와
21세기의 탐욕이 여기저기에서 나타났다
욕망들은 멸종하지 않는다
'꿀꺽' 삼켜버릴 게 많기도 하다

낙서는 즐겁다
'간질이다'라고 쓰면 겨드랑이가 갈굽고
'왈칵'이라고 쓰니까 열두 살 때 죽은 엄니가 수호천사처럼 나타나
내 이름을 달콤히 부른다,
엄니 시방 웬일여? 했더니
눈물이 '대롱대롱' 매달리는데 영락없는 풀잎의 이슬이다

'벌컥'이라고 쓰지는 말아라 목이 '컬컬'해진다
'크아 크아' 하지 말어, 벌써 두 사발째여

낙서도 한 시간이 넘으면 '노곤노곤'하다
'재잘재잘'도 시끄러운 중국 광둥어 같다
'쯧쯧' 산다는 건 언제나 만만찮다 그러니 너무 나불대지 말아라
더도 덜도 말고 한글처럼 정갈히 살거라

근데 저 한글을 대체 어쩌야 하나?
아설순치후 반설 반치 자음과 하늘 땅 사람
모음으로 만든 그분의 칵테일
낙서는 그분의 칵테일로 쓰는 영혼의 오르가슴이다

늦저녁

인망여고추 人亡餘古秋
사람은 죽고 옛가을만 남았으니

회월유독작 懷月唯獨酌
가슴에 달 품고 혼자 마실 뿐

바다에서

능금빛 저녁놀에 젖어도 볼 겸
눈썹 같은 초승달 행여 낚을까
가을도 야위어진 음력 초사흘
사바를 훌쩍 떠나 바다엘 갔네

이름도 넉넉해라 한내바다여
고대도라 삽시도 장고도에 원산도
그것은 뫼로 솟은 천 년의 고독

저와 내가 사는 길이 서로 다른데
무슨 일로 갈매기는 나를 좇는가
하늘을 나는 것도 권태로우면
꽃잎처럼 떨어져 물결에 앉아
큰스님 설법처럼 흐르는 새여

수줍을 땐 청옥빛
속삭일 땐 아청빛
괴로울 땐 괴로운 갈맷빛

하루해가 이즈러져 쓸쓸할 땐 금빛 은빛 그러다간 또 쪽빛

도다리에 우럭에 가자미에 주꾸미
하늘 한 모서리만 흔들어대도
우수수 쏟아질 별싸라기 은싸라기
밤배조차 취하는 오, 한 잔의 바다

코스모스

머언 땅 멕시코에서
날아온 하양 저고리

빨강 입술로
흐느끼는 가을 빗소리

저 하늘 쪽빛에 몸을 던지고 싶은
한 점 분홍

바람 불던 날
가을은 가늘다

모과

막다른 골목 내 옆집에 모과나무 한 그루가 있었다

가을이면 노랗게 주렁주렁
콤파스로 그린 원圓이 아니다
모과는
편안히 매달린 설법이다

스님의 머리통처럼 근사한 동그라미도 아니다
모진 세상의 작은 우주
노오란 연등燃燈이다

어느 날 앞집이 사라지고
월세 받는 창고가 들어서더니
모과나무가 사라졌다
나무아미타불

쇠비름채송화

쇠비름과 채송화가 만나
분홍에 흰노빨강꽃을 피웠다
이제는 쇠비름이 아니다
이제는 채송화도 아니다
이제는 쇠비름채송화다

짝사랑

맴돌다가 에우다가
다가가다가

능금꽃처럼 수줍은
탱자나무 가시에 찔린
핏방울

문풍지 치는 싸락눈보라
가야금 산조散調 중중모리

빈 하늘에
타는 다홍불

3 하느님의 동박새는 그렇게 공경하는 거다

느티나무의 기도

저는 작은 느티나무입니다
아직은 보잘 것 없사오나
먼 훗날 저를 우람하게 해주시고
저를 심은 분의 뜻처럼
쌓이는 세월 따라
늘 한결같이
하늘에 계신 아버지를 향하게 하소서
그리하여
여름엔 향기론 평화의 그늘
가을엔 소슬히 지되
봄이면 다시 푸르게 돋아
당신의 부활을 증거하게 하소서.

말잠자리

말잠자리의 회청색 눈은 세상을 홀린다
아두를 품에 안고 적진을 짓쳐가는 조자룡 같고
잘룩한 허리는 서량 출신 마초 같고

비행飛行은 제비와 견줄 만하다
순정純正한 고추잠자리도 아니고
푼더분한 된장잠자리도 아니지만
내 유년의 경외였던 말잠자리

잡아볼까
가슴을 졸이다가
그만 놓치고 말았다
말잠자리는 창공을 두 바퀴나 돌고
다시 돌아왔다

나는 울었다
못잡아서가 아니라
안 잡힌 게 고마워서 그랬다

말잠자리가 그립다
추사의 예서체
대나무 죽竹 한 획劃으로
하늘을 날으는 영웅
그 늠름함이여.

첫

그새 30년도 더 흘렀다.
무명無明 화가 강공이 나를 찾았다.
추상 유화를 즐겨 그리던 그가 나에게 말했다.
"김공, 내가 수묵담채화 첫 작품을 그렸어. 어서 오시게."
왜 느닷없이. 궁금한 나머지 나는 득달같이 달려갔다.
나는 그를 강공이라 불렀고 그는 나를 김공이라 불렀다.
우리는 피차 조선 선비들의 공경을 흉내 내고 있었다.

칼질이 어찌나 비범했는지 삭발 수계식을 끝낸 대가리 새파란 동자승 하나가 맺힐락 말락한 홍매 앞에서 웃을락 말락하는 그림이었다
어디선가 고요적寂 자字가 깨지나 보다
찻물 따르는 소리였던가 또르르르으
누군가의 대오大悟를 저어하는 듯하다
고요가 불편한 보살 아낙 셋이 치마를 끌며
대웅전 마당에 번뇌를 들여놓았다

"큰스님 방장추대법회날 매화는 활짝 안 피고 뭐하는 거야?"

적막을 깬 것은 보살이 아니라 나였다.

나는 슬그머니 강공에게 책을 들이밀었다.

"첫 소설집 '유아라보이(you are a boy)'입니다."

"어이쿠, 제목이 꼬부랑꼬부랑합니다."

"보관본 두 권 중 한 권을 가져왔지요."

"동자승과 보이가 만났으니 곡차나 한잔하시지요."

그는 왜 새삼 수묵담채화의 길로 들어섰을까?

헤어질 때 그가 나에게 그림을 건넸다.

"아무래도 유화는 내 길이 아닌 듯하여."

첫정, 첫넥타이, 첫날밤, 첫운동화, 첫작품, 첫짜장면…

예순을 한 해 앞두고 강공이 죽었다.

그의 첫죽음이었다.

나는 그림 속 동자승에게 물었다.

"나의 첫 죽음은 언제쯤 오실까요?"

동자승은 빙긋이 웃기만 했다.

탈고

고맙습니다. 주님.
봄 여름내 생각을 품게 하시고 가을을 깊이시더니
기어이 긴긴 겨울밤을 뒤척이게 해주셔서.
고맙습니다. 주님.
한밤중에 저를 깨워 쓰디쓴 커피빛 커피를 주시고
컴퓨터 자판 앞에 앉아 흘러간 젊은 날을 뒤돌아보게 해주셔서.
고맙습니다. 주님.
내려놓고 싶었던, 버거운 이 십자가로 저를 황홀히 지치게 해주셔서.

고맙습니다. 주님.
제 생애의 33년을 머물다 가는 이곳에서
슬프고 기쁜 일로 저를 달구시더니
이 마지막에 다시 저를 태울 일감을 주셔서.

새삼 봄인데, 저녁나절의 행복한 시장끼가 문득 생각납니다.

된장국에 냉이 향을 풀고자 하오니 잃어버린 입맛이 되오도록
 작은 식탁을 한 번 더 차려주신다면,
 고맙습니다. 주님.

*정년 퇴임 즈음에 33년 근무했던 학교의 역사를 꼬바기 1년 동안 매달려 '정의와 진리와 사랑이야기'라는 '36년사(史)'를 내게 되었다.

김대건 안드레아

동박새
11.5cm가
매달려
꿀을 빤다

헌종 1846년 9월 16일
조선은 김대건 안드레아를
효수형에 처했다

그날 새남터 모래사장에
동백꽃 한 송이가 모갱이째 떨어졌다

말씀의 꿀을 따던
스물 다섯 살

망나니야 간밤에
칼날은 벼렸느냐
단칼에 댕겅 내리치거라

하느님의 동박새는
그렇게 공경하는 거다.

슬라브집의 멜랑꼴리

내 집은 벌써 반백 년 늙었다
그걸 반 반으로 나눠
보증금도 안 받고
절반은 꽃밭에 줬다
앵초 으아리 분홍달맞이꽃 애기부채붓꽃 층나무꽃 갯국
노랑무늬흰붓꽃 붉은원추리 노랑원추리
절반은 채마밭, 배추까지 심었다가
그건 그만두고 상추 쑥갓 방풍나물
대파 골파한테 전세를 줄까 하다가
숫제 그냥 살라고 했다

채소는 아내가 주인이고
꽃은 내가 주인 행세를 한다

이젠 월세 줄 땅도 없는데
어디서 나팔꽃 씨가 찾아와
이 초가을에 난민처럼 피었다

예수여, 아멘

우리는 그분의 바다로 출렁이는
언제나 있음 그 자체

목마른 영혼을 손짓하는 언덕에
다가가 닿고 싶은 절절함

일렁이던 시간은 가고 새벽이 오면
머나먼 그곳 흠숭을 찾아

순례의 길을 떠나는
지팡이의 몸짓으로
예수여, 아멘

*예수수도회 한국진출 50년사, 발간 축시

힘껏 늙은 자의 찰나

베로니카의 뜰엔 꽃들이 즐비했다
나는 낯선 손님처럼 두리번거렸다
망울진 봉오리들이 눈에 들어왔다
저건 뭐죠?
마른 몸매에 긴 잎을 단, 가출하려는 소녀 같다
꽃양귀비, 마약하곤 상관없어요,
두어 포기 심어보실래요?

아침나절 비가 내리는 듯싶더니
정오 무렵에 햇살이 터졌다
무심코
눈길이 내려앉은 그곳에
그제 심은 꽃 세 송이가 하늘거렸다
그래서 내가 물었다
네가 정말 양옥환이란 말이냐?

느닷없이 당현종이 내 앞으로 걸어왔다
향년 76세였다는 그에게 넌즈시 문안을 드렸다

그간 별래무양하시니이까?
그가 옥환을 보며 중얼거렸다
이제는 처처에 영혼을 풀어 뭇사내들을 미혹하느냐?
양옥환이 대답했다
황궁도, 연리지連理枝의 맹세도 모두 부질없는 찰나이옵니다
그러더니 한 마디를 더했다
저는 이제 한 사내보다는 수천수만 사내를 품으려 하옵니다

힘껏 늙은 내 죄가 크구나
그말을 던지고 황제는 표표히 사라졌다

뒷산에 남아있는 것

뒷산에 올랐더니 싸리나무 흔드는
바람은 소슬하고
팽나무 잎인지 오리나문지
산죽 조릿대가 앞길을 막는다
생강나무가 있으면
그 어린잎을 비벼 생강내를 맡고 싶었는데

멀쩡한 검정고무신을 엿바꿔 먹은 광철이는
입을 꾹 다물고 싸리나무를 한 다발이나 깎었다
오늘 저녁일랑 광철이 집 근처에 얼씬도 말아라

광철이 옆에서
싸리나무 자줏빛꽃 예뻐 예뻐, 말숙이가 연신 종알거린다

따먹을 으름이 있으려나
가을은 저희들끼리 뭔가를 속삭인다

지금 우리들 뒷산에 뭐가 있나요?
글쎄요, 몰락해가는 그리움 한 조각 있을는지요?

찬란한 건배

傘이라는 글자가 재밌다
여덟 팔자 속에 열십 자十가 있고 그 속에 또
사람 인人자 넷이 오글오글 모여있다

대장암 말기 시한부 판정을 받았다는 아무개가
우리를 호출했다. 나를 포함해서 다섯이었다.
모두가 산수를 넘어선 고등학교 동기들이다.
나이를 합하면 물경 410살이 넘는다.
대담하고 대단하다.

이놈들아, 죽기 전에
한 잔 하자.
말기암 소리에 누군가가 ㅎㅎㅎ 웃었다
일그러진 웃음도 섞여 있었다.
탁배기가 들어오고 안주가 들어오고 건배에 맞춰
우리는 눈빛을 마시기 시작했다.
우리는 살아가지 않는다. 죽어가는 자들이다.
우리는 흑표전차도 K2도 아니다.

우리에겐 업그레이드 자동화하는 시스템이 없다
넘어지면 대퇴골 골절이 십상이다.

소년시절이 그리워 우리는 술잔을 나누기 시작했다
볼이 빨개졌고 열일곱 열여덟 까까머리 시절이
우리를 방문했다. 우리들의 이야기에 끼어든
불빛도 불콰했다. 우리는 말기암을 욕했고 그러다가
격려했고 그러다가 인생무상을 늘어놓았다.

그러다가 마치 반역죄인이라도 된 것처럼 애국애족을
들먹이다가 육이오의 통증을 회상했다 어느새 오천년
역사의 상처에 접어들었다가 안중근의 손가락이 등장하고
유관순의 소녀와 그 매서운 눈을 말하다가 그예
김구선생을 암살하고 말았다.
1.2.3.4.5 공화국들이 정처없이 흘러갔다.
자, 자, 주꾸미 한 점씩 들고 중간 건배, 없으면
김치쪼가리라도, 아주머니 여기 안주 하나 더.

육이오에 취하고 늙은이의 생애를 들이키면서
우리는 거나하게 죽어갔다.
건배 건배, 손바닥 왕王을 위하여, 부끄러운 안주와
라스트 댄스를 위하여, 건배.
갑자기 우리는 뜨거워지고 쓸쓸해지고 늪에 빠져
허우적거리며 거푸 술잔을 들었다.
술잔을 말려라, 말려라 건배.

잔소리가 주저리주저리 열리고 그리고 침묵이 왔다
하나가 일어섰다. 누가 흐느꼈을까?
모진 세월이 생각났을까?
우리는 조용히 자신들의 몸짓을 추슬렀다.
신발을 신는데 말기암 녀석이 나에게 속삭였다.
"3학년 기말시험이 내일인데 너는 소설책을 읽고 있더라. 이상하고 부러웠다. 미안했다. 네가 읽던 소설책을 하 궁금해서 내가 거칠게 나꿔채서 봤지. 친구 미안했어."

비로소 그가 끼리끼리 모임에 나를 불러낸 이유를 알 수 있었다.
그 순간 문득 파블로 네루다가 떠올랐다
나였던 그 아이는 어디 있을까
아직 내 속에 있을까 아니면 사라졌을까
말없이 각자 비틀거리며 건배를 삼키고
우리는 어둠 속으로 흩어졌다.

4 우리도 매달릴 풀잎 하나 갖자구요

글쓰기

가슴을 짓뭉개며
머리칼 세우고 선인장마냥
오디빛 깊은 밤에
짐승처럼

금일봉

언제나 달콤해라 그 말 한 마디
언제나 뜨거워라 그 말 한 마디

얼마나 들었을까 설레는 가슴
때아닌 공돈으로 무엇으로 할까
누가 주어도 황홀한 금일봉
오호라 황공케도 각하께서 주시다니
왜 주실까 그런 건 몰라도 돼
어떻게 쓸 건가는 호젓할 때 생각하자
그리운 금강산 아니 금일봉

얼마나 들었을까 떨리는 수수께끼
어서 빨리 뒷간 가서 뜯어보고 싶어라
혼자만이 열고 싶은 판도라의 금일봉
아무때 받아도 뜨거운 불두덩
언제 어디서 누가 무엇을 어떻게 왜
먹었으면 육하六何를 감쪽같이 궁리할 것

주방장

우럭으로 할깝쇼 광어로 할깝쇼
오늘은 도다리가 물이 좋굽쇼
이깟 한 마리 회로 뜬단들
바다가 울깝쇼 칼이 울깝쇼

싱싱해야 하구 말굽쇼
싱싱한 놈 드셔야 싱싱해집죠
번쩍이는 회칼 춤추는 은빛
아가미 할딱이는 마지막 이승
도다리는 좆같은 식욕들을 본다

회로 뜨는데도 법이 있구 말굽쇼
법대로 해야 매운탕도 제격입죠
세상을 뒤져 낚은 것인즉
모쪼록 입맛나게 실컷 드십쇼

주방장은
마치 대통령 같다

철수의 십팔번

아부지 우리도 집을 지어요
핀란드산 홍송 통나무집
몇억 몇천만 원 짜리 무슨 언덕빼기 힐에 지은 미제 그런 집
통째로 들여다가 폼나게 지어요

항가리산 카핏 달린 페치카 옆
요크셔테리어 게슴츠레 조는 저녁
아부지 우리도 그런
그림 속으로 들어가요

달팽이도 저 살 집은 지고 다닌다는데
해마다 해마다 사글세 단칸방
아부지는 아부지 함량미달이에요
하라는 대로 법이나 지키는
드흔민국 보통사람 숙맥 멍청이에요

스파니엘 강아지 변기보다 작아도 좋으니

이젠 제발 집 하나 갖자구요
풀잎에서 이슬 따는 방아깨비처럼
우리도 매달릴 풀잎 하나 갖자구요

디스토피아

어느새 다가온 겁나는 세상
옷깃만 스쳐도 겁나는 세상
눈길만 마주쳐도 떨리는 세상
아메리카 슬럼가의 뒷골목처럼
누군가가 목덜미에 칼을 들이대지 않을까
해가 지면 그저 소름만 돋는 세상
낯선 사내들이 앞에서 웃기만해도
지갑을 내놓으라는 속삭임 같고
지나던 누군가가 길을 물으면
쥐도 새도 모르게 재갈을 먹여
어딘가의 지하실로 끌고 갈 것만 같아
오금도 저리고 오줌도 지리는, 죄없는 터럭들만
곤두서는 세상
봉고차가 갑자기 곁에 멎으면
심장도 덩달아 멎었다간 다시 뛰고
엘리베이터도 믿을 것 못돼
가죽잠바도 기분이 나빠
너를 전부터 안다고 하더라도 으슥한 곳에서

단둘이는 싫어싫어
간밤에 꿨던 꿈도 너한텐 얘기 안해
책방에서 산 책일랑 나만 두고 볼거야
호랑이 담배 먹던 그 옛날 아니라도
낯선 땅 어느 골목, 우연히 부딪쳐서 모르는 사이끼리
나누었던 눈인사가 그렇게나 맛있는 사랑이었건만

어느새 다가온 겁나는 세상
어느새 다가온 디스토피아

불부반 不復返

작은 슬라브집 한 채를 마련해서
이사온 '버드내' 동네
막다른 골목의 끝집
암팡진 마당이
좋았다좋았다

퇴직하자마자
대전 근교의 농원이며 청주 일대 저 멀리 전라도 담양까지 발품을 팔아
꽃들을 수소문했다

가난한 마당에
난민처럼 이주해온 야생화들은
통성명을 끝내자마자 옹알이처럼 재잘재잘
오순도순 지내기 시작했다
나는 야생화 출석부를 만들어 날마다 이름을 불러주었다

불꽃빨강 노보단 오늘은 어째 풀이 죽었어

연분홍 애기부용 너는 언제까지 애기일 거야?
백분홍 두메달맞이 너 혹시 큰 도시의 아파트로 가려는 건 아니겠지
청보라 구폐어 너는 봄여름가을 내내 피어야 해
총기를 으스대며 나는 하나하나 눈을 맞추곤 했다
지나고 보니 그때가 좋았다

으아리, 술패랭이, 황제의 꽃, 애기 석류, 노보단, 애기부용, 두메달맞이, 흰뻐꾹나리, 솔잎도라지, 남보라 애기용담, 구폐어, 쇠비름채송화, 좀비비추, 갯국, 빨강골무꽃, 처녀치마, 제주패랭이, 베풍둥이, 흰 애기용담, 병꽃, 분홍뻐국나리
세어보니 30명도 넘었다

30년이 지난 지금은 다들 죽어버렸다
겨우 두어 명만 남았다
그들은 불부반이다. 다시는 돌아오지 않을 것이다
미안하다 너희가 죽은 까닭을
나는 안다

늙은 아가들

80을 넘긴 환자는 안다
외출이 얼마나 참담한 생존인가를

우리는 소년 시절에 오줌 줄기를 내기로 삼곤 했다
자, 두 손을 대지 말고 저 푸른 하늘을 향하여 쏴라
검투사의 눈빛처럼 치뻗는 요도의 살기
네가 이겼다 너는 용사다
그 웅장한 시절은 흘러갔다

쉬이이이이
그건 엄마의 명령이었다
아가의 기저귀는 자동으로 젖는다
엄마는 어쩌다 그런 양육의 비법을 터득했을까?
아직도 쟁쟁한 그 목소리
기억하라 그 복종
전립선 비대증을 앓는
늙은 아가야

엄마는 이제 없다
어서 싸라
쉬이이이이

씨간장이 덧간장에게

어서 오시게 덧간장
내 몸에 당신을 부어주오
나와 당신이 합일슴―하면 우린 다시 묵은 세월이 되는 거야

지금은 햇살이 포근하다
만약에 이따가 비가 내린다면 간장독 뚜껑을 꼭 닫게나
빗물이 스며들면 우리들의 사랑은 더러워져

내 뺨을 스치는 바람 한 줄기와
저어기 떨어지는 복숭아꽃 그 꽃잎 하나처럼
인생은 찰나
덧없는 시간의 섭리를 옆집의 개똥이도 알지만
언제나 멍청이처럼 모두가 다
영원과 불멸의 행세를 한다네

나는 이 장독대에서 370년 동안

그런 암수들을 보면서
나 자신을 인내하고 숙성했다네
그리고 마침내 씨간장이 되었다오
덧간장 보시게나
종갓집 종부의 손에서 간택된 걸 축하하네

다시 씨간장이 되려면
우리는 쓰디쓴 사랑을 더 오래오래
짜고 달콤하게 나누어야 한다오

춘몽春夢

내 본시 저 강 건너에서 풀 뜯던
한 마리 칡소였다
살구꽃 붉던 어느 봄날에
한 잔 술을 이기지 못하여
물을 건너 이 외진 곳에 이르렀네

구경도 할 만큼 했기에
가을은 깊고 되돌아가고자 하나
길은 변하고 산마저 이즈러졌다

궁리 끝에 연등燃燈에 몸을 실었다
가자 등아
예 살던 그곳으로 날 옮겨다오

하느님의 개구리들
― 대전 유천동 천주교회 본당가

논배미 너른들 버드내 흐르고
밤이면 개구리들 기도하던 곳
복음을 전하여라 하나 되거라
하느님의 뜻을 받아 성전이 섰다

봄이면 연둣빛 싱그런 잎새들
가을엔 우수수 낙엽의 묵상
어느 것 한가진들 은총 아니랴
주 기도문 깊은 뜻이 곳곳에 있다

사람의 아들을 우러르면서
그분의 말씀으로 사랑을 펴라
30년 역사가 천 년을 가리니
여기는 유천 본당 천주의 집입니다

* 이것은 2003년 본당 건립 30년사(史)를 발간했을 때 지은 대전 유천동 천주교회 본당가다. 성당이 세워진 지 어언 53년, 쑥과 마늘 먹고 주님을 따르는 신실한 개구리는 오늘도 즐겁다. '망팔'은 일흔한 살을 가리키는 말이다. 이 정도의 늙은이는 청춘이다. 미나리꽝도 논밭도 다 사라졌지만 가갸거겨 개굴개굴 개구리들의 기도는 여전하다.
이제 모두 늙었다. 팔순 노인도 허다하지만 기도는 천년을 겨냥한다. 그들은 하느님의 개구리들이다.

부록

선택―내 인생의 33년을 베팅하다

1970년 12월 하순의 어느 날, 나는 대학 후배들과 찻집에 앉아있었다.

70년대의 첫 해는 아직도 땟국이 줄줄 흐르는 60년대의 가난과 어설픈 삶의 체취를 그대로 간직하고 있었다. 커피숍이라는 꼬부랑 이름은 아예 있지도 않았다. 있다 해도 그것은 소수의 호텔 안에 존재했던 귀 설은 이름에 지나지 않았다. 그러니까 나는 커피숍이 아니라 다방에 있었다.

나는, 제대를 두어 달 앞두고 마지막 포상휴가를 나온 육군 병장이었다. 이런저런 이야기를 나누다가 당시 대전성모여고에 재직하던 후배가 말을 건넸다.

"선배님, 제대하면 무얼, 교직은 어떠세요, 혹시 우리 학교는요?"

그 말을 듣는 순간, 느닷없는 '순수의 치기'가 날 흔들었다. 누구의 추천서도 없이, 그 누구의 이름도 팔지 않고, 속된 말로 '빽' 따위 쓰지 않고 자력으로 이 사회에 첫발을 내딛고 싶다는 바로 그 순수의 치기 말이다.

한 번쯤 내 힘으로 도전하고 싶다는 젊은이의 순수였을 뿐 그러나 사실 나는 선생이 될 마음은 추호도 없었다. 내 꿈은 방송국이나 신문사 같은 언론계를 겨냥하고 있었다. 그런데 그 순수의 치기가 성모에서 33년을 보내게 될 서곡이었음을 어찌 짐작이나 했으랴.

 며칠 뒤, 나는 군복을 입고 대전성모여고를 찾았다. 그 상황을 간추려 보자.
 보릿고개의 60년대와 60년대의 군대조직이 옭죄는 통제와 집단성, 군대 곳곳에 그림자처럼 드리운 정신적 비위생을 적당히 혐오하며 역겨워하던 한 젊은이가 성모여고의 현관을 밀치고 들어서자 눈앞에 펼쳐진 청결한 입체 공간은 그 무렵의 꾀죄죄한 내 삶을 단숨에 압도했다.
 문이며 바닥이며 벽이며, 공간에 자리 잡은 이것저것들은 누가 보더라도 한결 같이 최신 최선의 시설이었다. 마치 살림 잘하는 부잣집 안방에 들어섰을 때 마주치는, 값나가는 자개장롱과 문갑 따위에 서린 기품처럼 기름기가 자르르했다.
 푸른빛이 도는 길쭉한 육모꼴과 갈색 점박이 무늬의 육모꼴을 겨끔내기로 반복 디자인한 돌바닥은 반질반질했다. 일본말로 '도끼다시'가 완벽한 바닥이었다.
 곱돌처럼 매끄럽다. 얼굴이 비칠 것 같다. 호텔 같다.

유럽의 어느 잘사는 정부 청사가 이렇지 않을까? 장군의 거실에 안내받은 졸병처럼 긴장한 내 걸음걸이는 미끄러운 돌바닥을 조심스럽게 만났다.

주눅 든 속내를 내장 속에 감춘 채 나는 교장 면담을 청했다.

차가운 목소리로 수녀 하나가 말했다. 그 쌀쌀맞음(?)은 수도생활이 지향하는, 적당한 탈속과 개인적인 비사교성의 혼재에서 온다는 걸 나는 훗날에야 깨달았다.

"약속이 돼 있나요?"

"아닙니다."

"누구라고 말씀드릴까요?"

"말씀드려도 모르실 겁니다."

"기다리세요."

30초쯤 뒤에 나는 초대 교장 박기주 안눈시아따 수녀와 마주앉아 있었다. 나는 단도직입적으로 나 자신을 소개하고 방문 목적을 말했다.

"저는 ㅊ대학 국문과를 졸업하고 현재 군 복무중입니다. 돌아오는 3월 하순 무렵에 제대합니다. 귀교에 혹시 국어교사 자리가 있으면 써 주십사 하는 뜻에 서 왔습니다."

"교직 경력은 있으신가요?"

"없습니다. 교생 실습이 유일한 경력입니다."

"우리 학교는 교직경력이 없는 분을 채용하지도 않거니와 3월이라면 이미 학기가 시작되었을 때입니다. 우리는 학생들을 희생시킬 수 없습니다."

그 냉정과 합리가 오히려 나를 자극했는지도 모른다. 나도 대뜸 당돌히 응수(?)했다. 그것 역시 이제 와 생각하면 하나의 치기에 지나지 않았지만.

"괜찮은 선생님을 맞이하기 위해서라면 한 달 정도의 희생은 감수할 수도 있지 않겠습니까?"

"그럴 수는 없습니다."

"저에 대해 더 알아보실 의향은 없으신지요?"

"물론 성적은 우수하시겠지요."

교장수녀는 대뜸 넘겨짚었다. 그런 뒤에 한마디를 더 덧붙였다.

"우리는 예스와 노우를 분명히 하지 않음으로써 상대방에게 기대를 갖게 하지는 않습니다."

"알았습니다. 안녕히 계십시오."

고작해야 3분 정도의 시간이 흘렀을 것이다.

나는 두말없이 일어나서 군인답게 거수경례를 올려붙인 뒤에 일말의 미련도 없이 걸어 나왔다. 군인이 된 뒤로 내가 가장 군인답게 갖다 붙인 거수경례였을 것이다.

교문을 빠져나오는 내 귓속에서 교장수녀의 마지막 말이 뱅뱅 돌았다.

"우리는 예스와 노우를 분명히 하지 않음으로써 상대방에게 기대를 갖게 하지는 않습니다."

이것은 완전한 영문 구조의 화법이었다.

단호한 어조. 군더더기 없는 화술.

이야기를 이끌어가는 쾌속의 질주 그리고 판단.

나는 가슴 속 저 깊은 곳에 성모여고와 안눈시아따 수녀님과 현관의 돌바닥을 새겨놓았다. 훗날 들은 바에 따르면 안눈시아따 수녀 역시 나를 깊이 각인했다고 한다.

내가 평생을 존경한 박안눈시아따 수녀님을 나는 그렇게 만났다.

얼마 뒤 나는 예정대로 꽃 피는 춘삼월에 제대했다.

나는 당숙모의 집에 양자로 들어가기로 결심했고 그 과정을 끝낸 상태였다. 제대한 다음날부터 선화동 당숙모집, 양철지붕 밑에서 나는 제대 뒤끝의 자유와 한가로움을 만끽하며 날마다 뒹굴뒹굴하기 시작했다.

35개월의 군대살이, 그 동안에 텅 비었을 머릿속, 그 공동空洞을 채워야한다는 강박관념에 즐겁게 갇혀서, 원동의 단골 헌책방에서 서른 권 남짓한 책을 사다가 방 한 구석에 쌓아놓고는, 먹고 읽고 자고, 읽고 먹고 자고, 자고 먹고 읽고, 를 무한 반복하며 시간을 죽였다.

그렇게 두 달이 지난 어느 날 대학 은사가 갑자기 들이

닥쳤다.

제대했습니다, 모교에 가서 인사하고 온 일밖에 없는데 전화도 없는 집을 어떻게 수소문했는지 물어물어 온 것이다.

"내일 다시 올 테니 이력서 하나 준비해놓고 기다리게."

누구의 말이라고 거역하랴.

다음날 나는 그분의 뒤를 따라가 초로初老의 어른 한 분을 만났다.

이력서를 훑어보더니 그 어른이 말했다.

"월요일부터 학교에 출근하시게."

3월 말이면 어차피 방송국이나 신문사의 입사시험도 끝났을 터, 그래서 그 해 일 년은 '먹고 자고 읽고', 그렇게 달콤한 되풀이에 빠지리라 하던 차였는데 아, 허무해라, 정확히 두 달 만에 내 생의 여로는 배배 꼬이고(?) 말았다.

고등학교와 전문대의 짬뽕 학제가 있던 시절, 그 학교는 5년제 고등전문학교였다. 나는 전임강사로 채용되었다.

이 년째 접어들어 교지 발간을 맡게 되었을 때 사건이 하나 생겼다. 학생회장 발간사, 학교장 축사, 이사장 격려사의 순서를 놓고 나와 윗사람의 의견이 갈렸다.

윗사람이 지시했다.

"이사장 격려사를 맨 처음에 넣고, 다음에 학교장 축사, 그 다음에 학생회장 발간사를 넣게." 내가 말했다.

"교지 발간의 주체는 학생회입니다. 그러므로 학생회장 발간사, 다음에 학교장 축사, 그 다음에 이사장 격려사가 들어가야 합니다."

나는 내 생각대로 교지를 발간했고 학기가 끝나자 미련 없이 그 학교를 떠났다.

북북서로 진로를 바꿔라, 나는 서울로 갔다.

신문에 나온 교사 채용시험 공고를 보고 나는 어느 중고등학교에 들어갔다.

조회가 있는 월요일, 운동장에서 대기하는 학생들과 교직원들은 부동자세로 이사장 겸 교장을 기다렸다. 예비역 장성 출신 이사장 교장이 현관에 나타나면 음악선생의 연주봉은 공중을 가르며 밴드부를 지휘했다. 지휘관을 맞이하는 군대 의식이었다.

일 년이 끝나갈 무렵에 대전성모여고에 있던 후배에게서 연락이 왔다.

"국어선생님 자리가 하나 났습니다. 가부를 알려주십시오."

다음날 나는 광화문 우체국으로 나가 전화를 걸었다.
"사흘 뒤에 부임하겠습니다."

은사의 무지막지한 엄명(?)에 휘말려 어느 사립학교 선생님으로 첫발을 내딛은 내 사도師道의 여정은 반전 드라마처럼 흘러갔다.

첫 학교에서 2년을 재직한 뒤 서울의 어느 사립학교로 옮겨 갔고, 그곳에서 일 년 가까이 근무하던 어느 날, 그러니까 군복 입고 찾아가 뵌 교장수녀 앞에 나는 마치 약속이라도 한 사람처럼 3년 만에 나타난 것이다.

성모여고는 내가 선택한 세 번째의 마지막 학교였다. 그 선택은 오로지 내가 선택한 선택이었다.

초대교장수녀와 만난 그 3분이 강렬했던 탓이었을까, 그 3분 속에서 성모가 지향하는 '정의와 진리와 사랑'을 느꼈던 것일까? 어쩌면 내 본능적인 후각으로 성모의 교육적 체취를 맡았는지도 모른다.

'정의와 진리와 사랑을 위하여 몸 바칠 여성.'
내가 사랑한 성모학교의 교육 이념이다.

성모는 내가 세 번째로 선택한 학교다.
사나이는 세 번의 선택으로 족하다.
순수의 치기로 시작한 첫 3분은 3년의 숙성 기간을 거친 끝에 마침내 33년의 인연을 맺고 마침표를 찍었다.

그렇다. 그 당시 교장수녀는 목마른 사람처럼 사람을 찾았다. 내가 그분에게 기억된 사람이어서가 아니다. 교육은 사람으로 시작해서 사람으로 끝나는 '사람 철학'이 아닌가.

내가 선택했으니 무어를 해도 피가 끓었다.

열정도 냉정도 모두 시간의 품에 안긴 에너지였고 시간은 쌓이고 쌓여 마냥 세월로 변해 흘러갔다.

가르치는 일도 재미있었고, 가르치기 위해서 공부하는 것도 재미있었다.

문득, 신세대 신인류와 여학교 풍경도 세월 따라 변하고 있다는 사실을 깨달았다.

1974년 오월 어느 날, 나른한 오후의 첫 시간.

갑자기 맨 뒷줄에서 키가 껑충한 아이 하나가 느닷없이 벌떡 일어나 나에게 한마디 던졌다.

"선생님, 절 좋아하세요?"

이런 습격 같은 질문을 받으면 여학교 선생은 쩔쩔맬 수밖에 없을 것이다. 나 역시 처음에, 조금은 그랬다. 그러나 이내 평정을 찾으며 그 말 속에 숨어있을 어떤 음모(?)를 찾아내고자 침착하게 되물었다. 시간을 벌자는 속셈이었다.

"뭐라고 했지?"

그 여학생이 재차 말했다.

"절, 좋아하시느냐구요?"

그 순간 내 머릿속 신호등에 깜박, 파란불이 들어왔다. 그 아이는 '절'이라는 낱말을 유난히 힘주어 내뱉었던 것이다. 오오라!

"그럼, 절, 좋아하지. 합천 해인사도 좋고 해남 대흥사도 좋고, 통도사도 좋고."

서른을 갓 넘긴, 젊은 남자 선생을 골탕 먹이려던 녀석의 술수는 그 순간 허무하게, 새벽 달빛처럼 스러지고 말았다.

40년이 지난 지금도 그 일을 생각하면 저절로 빙그레 웃음이 감돈다. 선생도 학생도 마냥 순수했던 시절, 정녕 다시 돌아올 수 없는 시간.

그로부터 20년쯤이 지난 90년대의 어느 날, 청소를 하던 학생에게 다가가 심심파적삼아 나는 말을 걸었다.

"아무개야, 넌 어디가 매력적이니?"

그러자 마치 기다리고나 있었다는 듯이 즉각 반사로 돌아온 기상천외의 대답. 오, 놀라워라.

"안 보여요."

어디가 매력적이냐니까, 안 보인다구?

그러니까 이 말뜻은, 내 매력 포인트는 안 보이는 곳이다, 그런 뜻이렷다! 다시 한 번 정리하자. 나는 봉긋한 가슴 아니면 배꼽 밑처럼 안 보이는 그런 데가 매력적이다, 그런 말인가?

이 대답의 정체는 그 학생의 재치 위트일까, 아니면 요즘의 아이들이 갖고 있는 보편적 감성일까? 나는 한동안 갸우뚱거렸다.

세월이 흘러 다시 십여 년이 흘렀다. 21세기를 코 앞에 둔 바로 그때쯤, 글씨를 지우거나 수정하는 문방용 수정액이 마악 나온 무렵이었을 것이다.

수업을 하는 중에 아이 하나가, 빠락빠락 소리를 내며 수정액을 흔들어댔다. 그때까지 그건 내가 못 보던 것이었다. 그래서 나는 물었다.

"아무개야, 그게 대체 뭐니?"

그러자 대답은 0.5초 만에 돌아왔다.

"정액이에요."

'정액'은 수정액의 준말이다. 그때 이미 신세대들은 준말 사용의 대중화에 앞장 선 배달의 기수였던 것이다.

이 놀라운 반발력, 부끄러운 언어를 거리낌 없이 내뱉는 신세대의 풍속도.

나는 비로소 신세대의 의미를 되새기며 무정하게 흘러

버린 세월과 내가 어느덧 노인의 초입에 들어섰다는 것을 인정해야 했다.

이렇게 이렇게, 하루가 다르게, 거칠 것 없이 살아가는 신세대들의 감성. 그 감성의 진화는 어디까지 갈 것인가, 대체 나는 그들의 어디까지 이해해야 한단 말인가?

이해하려고 바둥거리지 말자. 신세대를 이해한다는 것은 차라리 위선이다. 느끼는 것으로 만족하자. 나 자신의 늙음, 세대 차이 그대로 다가가자.

스페인의 서북부에 있다는 알타미라 동굴, 그 고대 석기시대 원시인들의 동굴에도 그런 글이 쓰여 있다지 않은가. "요즘 젊은 것들은 싸가지가 없어."

신인류 청소년은 누구인가?

추석 전날에 한 번, 설날 전날에 한 번, 왜 일 년에 고작 두 번만 공중목욕탕에 가야 하는지를 이해하지 못하는 세대. 목욕탕에 가서는 왜 목만 내놓고 삶은 게처럼 온몸을 빨갛게 데워야 하는지 그 까닭을 알지 못하는 세대, 왜 목간통 속에 들어가 때를 불려야 하는지, 왜 탕 안에는 왕때가 둥둥 떠다니는지 그 까닭을 납득하려 들지 않는 세대. 가벼운 샤워를 맛들인 세대는 꿍시렁거릴 것이다.

"샤워나 할 것이지, 더럽게 때는 왜 불려?"

단칸방에서 일고여덟 명의 식구가 오글오글 모여 사는 의미가 무엇인지 느껴보지 못한 세대. 그을음이 나오는 등잔불 호롱불 때문에 콧구멍 속이 새카만 까닭을 알 리 없는 세대. 식구가 아니라 가족의 의미로 살아온 세대. 삶은 고구마로 서너 끼를 때워본 일이 없는 세대. 형이나 언니의 큰 옷을 물려받아 입어본 일이 없는 세대.

일 년에 두어 번 먹는 버얼건 쇠고깃국과 허연 이밥의 눈물 그 행복감을 모르는 세대. 라면의 속도와 빵의 편리와 우유의 영양을 당연한 전유물로 여기는 세대. 먹고 싶으면 언제나 먹을 것을 꺼내 마음껏 먹고 살아온 세대. 냉장고의 차가운 과학이 없으면 짜증스러운 세대.

늙은 기성세대가 복종 아니 때로는 굴종을 도덕과 윤리로 여기면서 우리의 의식을 단단히 고정시키며 살아왔다면 그들은 굴절과 왜곡의 일그러진 역사와 문화가 마침내 일탈하여 깨지는 시대의 소용돌이 속에서 민주와 자유의 피 냄새를 맡으며 그것이 피 냄새인지도 모른 채 부모의 보람으로만 성장해 왔다. 그리하여 공동체의 의미보다는 개인의 의미가, 의무보다는 권리가, 타인에 대한 배려보다는 자기 이익을 삼겹살처럼 몸에 찌운 세대이기도 하다.

벙어리장갑을 사치로 알던 기성세대의 손가락 대신에

휴대폰을 장난감처럼 다루는 엄지족, 그들은 이제 대한민국의 영원한 신인류일 것이다.

신인류는 우리 기성세대와 다르다.

살아온 시간과 문화, 살아온 삶의 체취와 색깔, 먹고 마시고 배설하는 몸짓이 다르고, 사랑하고 슬퍼하고 기뻐하는 가슴이 다르다.

신세대 청소년, 그들은 자유와 풍요의 유전인자가 진화하여 정착한 21세기 신인류다. 그러므로 나는 그들을 이해하려 하지 않는다. 단지 다가가는 몸짓만을 할 따름이다.

내 몸짓이 그들을 즐겁게 하고 그래서 그들이 나에게 다시 조심스럽게 다가온다면 나는 이 신인류와 적당히 소통하기 위하여 그들의 언어와 정서를 열심히 관찰하는 그것으로 신인류와 만나는 상견례를 치를 것이다.

성모인 학생들도 많이 변했다. 그들도 신인류인 것이다. 그러므로 신인류가 아닌 나는, 구인류로서 조용히 퇴장할 때가 왔음을 때때로 느낀다. 그것이 33년 내 개인사의 순리다. 이해하는 척하는 것은 내 식성이 아니므로.

내가 퇴직할 때까지, 개교 이래 36년 동안 무감독시험은 성모여고 교육철학의 실천적 자존심이었다. 2013년 지금은 무감독시험의 역사가 50년을 향하고 있을 것이다.

33년을 재직하는 동안 나는 '성모'의 무감독시험을 사랑했다.

'성모'는 우리들의 양심을 베팅한 학교였다.

국제중학교다 뭐다, 하면서 일그러진 대한민국 교육현장의 쑥대밭을 보면서 무감독시험의 고해 기록을 소개한다. 소개하는 까닭은 오로지 하나다. 대한민국의 교육이 통렬한 자기검열을 해야 할 때가 왔다는 뜻이다.

자신이 가르친 제자의 부정, 커닝을 포착하기 위하여 선생의 눈매는 날카로워 지고 번뜩인다.(?). 교사의 시선에서 벗어나 간발의 기회를 얻고자 제자는 호시탐탐, 전전긍긍한다(?)

교육 현장의 일상적인 풍경이지만 곰곰이 생각하면 연민의 정이 배어나는 코미디다.

이 숨 가쁜 찰나들이 이제는 영원의 질서인 양 화석화했다.

학교마다 치르는 시험, 수능, 공무원 채용시험, 온갖 자격시험들.

무릇 시험이란 통과의례 앞에서 오늘도 정글의 법칙은 횡행한다. 살아남은 자가 강하다는 당혹스런 논리가 대한민국의 관습헌법처럼 굳어졌다.

고등학교나 대학의 학생들이 쓰는 책상과 걸상을 보라.「커닝」의 유해, 깨알 같은 볼펜 글씨들을.

무감독시험의 탄생은 우연히 일어난 설화가 아니다.

척박한 한국 교육의 박토에서 당신은, 양심교육이 가능하다고 믿는가. 그래서 무감독시험과 같은 제도가 성공적으로 정착할 수 있다고 확신하는가? 열의 아홉은 고개를 갸우뚱할 것이다.

'정의와 진리와 사랑을 위하여 몸 바칠 여성'

이것은 양심교육을 지향하는 성모학교의 교육목표다.

초대교장 박기주 수녀는 '정의와 진리와 사랑을 위하여 몸 바칠 여성'이 되기 위해서는 실천적 구체성이 있어야 한다고 생각했다. 학생들은 열심히 공부하고 정직해야 하며 모든 일에 성실해야 한다. 정직을 익히는 실천적 방법은 무엇일까? 그것은 학생들 스스로 무감독시험을 치르는 일이다.

교장 수녀는 개교 직후의 교직원회의에서 이러한 구상을 발표했다. 그러나 대부분의 교사들이 '그것은 불가능한 일'이라고 반대했다. 교장수녀는 즉각 반문했다.

"영국의 명문사학 이튼스쿨은 무감독시험을 치르고 있습니다. 영국 사람들이 하고 있는데 왜 우리가 못합니까?"

교사들은 한국의 현실에서 그것은 무모한 일이라고

말했다.

"시험을 치르는 당사자는 학생들입니다. 나는 학생들에게 묻겠습니다."

교장수녀는 직접 교실에 들어가 학생들을 대상으로 무감독시험의 의의를 설명했다.

"우리는 여러분을 자신이 하는 일에 대하여 책임질 수 있는 사람으로 키우고 싶습니다. 우리는 무감독시험을 치르려고 합니다. 무감독시험에 대한 책임은 여러분이 져야 합니다. 여러분이 할 수 없다고 결정하면 하지 않을 것입니다. 여러분에게 일주일의 시간을 주겠습니다. 여러분이 의논하고 스스로 결정하기 바랍니다."

3일 후에 학생들이 박기주 교장수녀를 찾아왔다.

"이튼스쿨이 할 수 있다면 우리도 할 수 있습니다."

이런 우여곡절 끝에 대전성모여자중학교는 1966년 2학기부터 무감독시험의 역사를 쓰기 시작하였다.

그 이후, 모든 시험은 무감독이었다. 3년 뒤에 개교한 대전성모여자고등학교도 당연히 무감독시험을 이어받았다.

첫 번째 무감독시험이 끝났다.

무감독시험이란 모험과 그 선택이 옳았는지 누구나 궁금했다.

어떤 결과가 나왔을까? 모두 조마조마하며 가슴을 졸였다.

전교생에게 설문지를 나누어주었다. 여러분은 정말 정직하게 시험을 치렀는가? 부정행위를 한 사람은 없는가? 솔직하게 써라.

한 명의 학생이 영어시험의 부정행위를 고백하였다. 가정형편이 어려워 장학금이 꼭 필요했던 학생, 성적도 상위권에 속했던 학생이었는데 이 학생은 혹시라도 장학금을 못 받을까 싶어 부정행위를 했던 것이다.

설문 결과는 모든 교사들을 놀라게 했다. 그리고 누구 할 것도 없이 모두 주먹을 불끈 쥐고 기뻐했다.

장학금을 포기하고 '정직'을 선택한 양심. 아, 진실을 맛보는 감미로운 행복감 이라니. 그것은 감동 그 자체였다.

무감독시험의 소문이 대전 시내에 짜하니 퍼졌다.

학생들은 스스로 자랑스러워했고 교사들은 가르치는 보람을 만끽했다.

장학제도의 혜택을 받은 졸업생들 중에서 많은 이들이 모교에 장학금을 기부하고 있다. 자신이 받은 혜택을 후배들에게 되돌려준다는 것도 무감독시험이 표방한 양심과 무관하지는 않을 것이다.

무감독시험이란 시스템은 두뇌의 무인판매제 같은 것

이며 그 현주소는 양심이다.

개교하면서부터 무감독시험이었던 까닭에 성모여고생들은 숟갈질 하듯 자연스럽게 무감독을 받아들인다. 선생님들의 일이란 그저 시험지를 배부해 주고 회수하는 일이며 답안지를 일찍 내고 나온 학생들이 떠들지 않도록 다독이는 것뿐이다. 이런 세월이 어느덧 50년을 향하고 있다.

성모학교 학생들은 오랜 세월을 자신과 싸워 왔다. 때로는 패배한 학생도 있었다.

1969년 2월의 월례고사에서 최초의 패배자가 나온 이래 무감독시험의 긍지를 짓밟은 부정행위자의 수도 해마다 들쭉날쭉이었다.

그러나 한 가지 분명한 사실은, 해마다 부정행위자가 늘었다 줄었다 했음에도 불구하고 '무감독 시험'은 여전히 성모 교육의 상징과 자랑이었으며 그 누구도 이 제도의 성공을 의심하지 않았다는 점이다.

부정행위는 때때로 있었고 그때마다 행위자는 징계를 받았다.

아마도 징계 받은 사람보다 더 많은 학생이 부정행위를 했으리라고 추측한다. 왜냐하면 부정행위자의 수는 감독해서 적발한 숫자가 아니기 때문이다.

때로는 복도의 소란을 제어하던 선생님이 우연히 발견하는 경우도 있었고, 때로는 양심적 제보로 드러나는 경우도 있었다. 이러한 것은 물론 비교육적인 느낌을 주기도 한다. 이러한 제보가 주는 득실은 가치관의 문제이기도 했다. 그러기 때문에 학교는 때때로 사장死藏된 부정을 추측하는 아이러니에 빠지기도 했다.

그러나 결론은 분명하다. 옳은 것은 옳다는 것뿐이다.

시험을 치르는 동안 교실 칠판에는 학급마다 자율적으로 경구의 성격을 띤 짧은 글을 써서 붙인다. 이런 글들은 양심을 지키기 위한 정서적 도우미 기능을 나타낼 것이다. 그러나 1997년에 들어서면서부터 경박스러운 표현과 장난기 서린 표현들이 등장하기 시작했다. 이것은 자율과 개성의 이름으로 나타난 진정성의 결여였다. 예컨대 이런 표현들이었다.

'왕자는 공주를 믿는다.'

'우리 그이는 정직한 나를 사랑한다.'

이런 표현들은 신세대들의 감각으로 볼 수도 있었지만 더 유치하고 저급한 글, 낙서 같은 것들도 많았다. 왜 이런 현상들이 나타났는지 그 원인 분석은 유보한다.

1998년부터는 학교에서 양심표어를 지어 제공하기 시작했다. 그 양심표어 지은이는 나였다. 자랑이라고 내세

우려는게 아니라 그 일 자체에 나는 엄청난 보람과 즐거움을 느꼈기 때문이었다.

초기에는 한 편의 시詩 형태로 제공했고 2000년부터는 시의 형태와 표어가 혼재하다가 2002년부터는 표어로 정착했다. 몇 가지만 보자.

●1998년 1학기말 시험

자신을 바라보는/ 눈은 진리다
눈길은 그윽하여/ 가을강처럼 깊다
너 자신을 사랑하라
남의 것을 탐하지 않는 그 순간
그대의 눈은/ 동녘처럼 아름답다.

●1998년 2학기 중간시험

가을의 문이 열리고/ 저녁 어둠이 내리면
귀뚜리의 울음은 서늘하다
마지막 중간시험/ 옷깃을 가다듬고
내 마음 속 깊은 곳의/ 밭을 정성껏 갈아
달디단 열매를 바라는 기원祈願.

●1999년 2학기 중간시험

쥐똥나무는 쥐똥 같은 열매를 수줍게 달고

산딸기는 산딸기처럼 빠알갛게 웃고
꽈리는 꽈리처럼 통주머니 등불을 켜는데
우리들은 그럼, 무슨 등불을 켜야 우리 같을까.

● 2000년 2학기말 시험

우리학교의 또 다른 이름은
대한민국 무감독 여고

● 2001년 2학기 중간시험

은하수를 품은 가을 하늘
연분홍 하양 빨강의 코스모스
갈색 교복과 가지런한 가방
무감독시험의 고요.

● 2001년 3학년 2학기말 시험

우리들의 마지막 무감독 열차는
지금, 과거로 사라지는 중임.
안녕, 나의 열아홉 살 11월이여!

● 2002년 1학기말 시험

월드컵 한국 대표팀 감독은 히딩크
우리들의 시험 감독은 나 자신

● 2004년 2학기말 시험
나는 나를 베팅한다
사랑과 정의 그리고 마지막 시험에

그러다 보니 전설적인 일화도 생겨났다.
ㅊ대학교 기말시험에서 있었던 이야기다.
시험을 치르면서도 성모여고 출신 학생들은 속이 편치가 않았다. 아니, 더 솔직히 말한다면 부글부글 끓었다. 누구라 말할 것도 없이 교실은 마치 커닝의 경연장 같았다.
그런데도 감독으로 들어오신 교수께서는 시험지를 나누어 주자마자 신문을 펼쳐놓고 읽는 것이었다. 교수가 처음부터 신문 탐독에 들어갔기 때문에 부정행위 자는 여느 때보다도 더 많았다.
갈등이 생겼지만 성모여고 출신 학생들은 그 사바의 고뇌를 이겨내고 끝까지 정직하게 시험을 치렀다. 잠시 뒤에 아무도 예측 못한 깜짝 해프닝이 일어났다.
교수가 수험생들에게 말했다.
"답안지를 제출했어도 강의실에 그대로 남아 있길 바랍니다."
종이 울리고 수험생 모두가 답안지를 제출하자 교수는 몇 명의 학생들 학번과 이름을 주욱 불렀다. 그런 뒤에 정색하며 말했다.

"지금 호명한 학생들을 제외하고 나머지 학생들은 모두 재시험을 치러야 합니 다. 그 이유는 본인들이 잘 알 것입니다."

교수가 호명한 학생들은 모두 성모여고 출신이었다.

나는 무감독시험을 사랑했다.

양심교육은 대한민국을 새로 세우는 철학이어야 하기 때문이다.

양심이 일그러진 대한민국이 지금 어떻게 흘러가고 있는지를 보라.

감독시험 양심표어를 짓던 일도 아득히 흘러갔다.

나이 탓인지 요즘엔 부쩍 당나라 송지문의 시 한 구절이 가슴에 와 닿는다.

년년세세화상사年年歲歲花相似

세세년년인부동歲歲年年人不同.

해마다 해마다 꽃은 피어 비슷하건만 해마다 해마다 사람은 같지가 않구나.

이 시가 말하려는 본뜻은 인생무상이다. 그러나 나는 인부동人不同지의 뜻에 취하고 또 다른 감상感像에 젖어 흐르는 인생 물결에 내 몸을 맡긴다. 그렇다, 인부동.

해마다 피는 꽃은 비슷한데 성모인들도 이제는 해마다

인부동이다. 하긴 성모인 뿐이랴, 사람이란 존재가 가변의 길을 걷는 나그네인 것을.

득천하영재이교지 제삼락야 得天下英才以敎之 第三樂也
 천하의 영재를 얻어 가르치는 것이 군자의 세 번째 즐거움이라 했는데 이제 영재는 드물고 출석부를 펼치면 그 많던 '영자'조차도, 그리운 아이들도 간 데 없고 이런저런 생각만 과거의 물결 위에서 복사꽃잎처럼 떠 흘러간다.

교문을 들어서서 오르막길을 올라 현관쯤에 이르면 이층 창문을 열고 내민 고개들이 '선생님!' 하고 외치던 여고생들의 목소리가 들려온다.

신문 연재소설 원고를 쓰노라 날밤을 지새고도 자기 최면에 빠져 거뜬히 수업을 끝내던 40대의 시간도 떠오른다. 교지 창간호를 내던 개교 10주년 시절도 떠오른다. 전국 초중고 교지 신문 콘테스트에서 대상을 받은 '냇글' 문학지도 떠오른다.

현관 게시판에 다달이 올리던 '이 달의 시'도 생각난다.
그 모든 것들이 이제는 남의 일만 같다.

마침내 드디어, 나에게 '마지막 수업'의 시간이 다가왔다.

2004년의 11월 어느 날, 3학년 어느 반에서, 나는 '마지막 수업'이란 의식을 치러야 했다. 그것은 오로지 나만이 아는 마지막 수업이었다.

수능과 3학년 수업 전담이란 현실적 상황에서 '마지막 수업'이란 시간은 속절없이 그렇게 나를 방문했다. 굳이 비장하고 싶지는 않았으나 내 교직인생 37년, 성모 재직 33년(2006년이 정년퇴직하는 해였다)의 '마지막 수업'을 나는 제법 그럴 듯하게 유의미하게 하고 싶었다.

그러나 한국적 교육과 시대 상황은 나만의 비밀스러운 '유의미'를 볼품없이 만들고 말았다. 나만의 유의미를 알지 못하는 아이들은 여느 때의 '월화수목' 같았고 나는 차마 나만의 비밀스런 상황을 고백하기가 멋적었다.

그래서 그날, 2004년의 11월 그날, 나는 내 마지막 수업을, 나만의 비밀스런 감정으로, 아이들 몰래 담백히, 아니 아주 'dry'하게 전개했다.

종이 울렸다. 내 생애 마지막 수업의 종이었다.

드디어 끝났구나. 잠시 생각에 잠겼다.

그리고 나는 웃었다.

한글을 품에 안고 프랑스로 여행하라

보조개란 말은 예쁜 우리말이다. 볼조개가 원말인데 ㄹ이 떨어져 나갔다.

우리말에선 ㄹ탈락현상이 많이 일어난다. 하늘님 → 하느님, 솔나무 → 소나무, 바늘질 → 바느질, 달달이 → 다달이 따위가 그런 보기다. ㄹ이 안 떨어진 '볼조개'는 말하는 사람이 줄어들었지만 여전히 음감이 예쁘다.

같은 말인데도 '조개볼'은 많이 쓰지 않아서인지 더 풋풋하게 들린다. 귓전에 가을 바람이 살랑거리는 것 같다.

'볼우물'도 '보조개'와 같은 표준어다.

'볼우물'이라는 말을 들으면 늙은 가슴도 젊었던 때처럼 마구 뛴다. 볼에 우물이 있다니. 오, 그 한 마디는 그대로 시적詩的 밀어蜜語다.

'쪽빛'이라 소근거리면 내 가슴 창문으로 맑푸른 가을 하늘이 들어온다. '잇빛' 하면 열일곱 살 적, 옆집 처녀가 수줍게 붉히던 사과빛 뺨이 생각난다.

갈맷빛은 갈매나무의 초록빛을 가리킨다. 갈매나무의 이것저것을 찾아 통성명이라도 한 뒤 '갈맷빛' 하고 불러 보시라. 그러면 여름산이 당신에게 한 줄기 초록 바람을 보낼 것이다.

'볼우물'이든 '쪽빛'이든 싱그런 우리말은 무궁무진하다.

'쪽달'이 뜨면 내 짝사랑을 하소연하고 싶다.

워즈워드의 시 한 구절.

My heart leaps up when I behold a rainbow in the sky.

하늘의 무지개를 보면 내 가슴은 뛰누나.

아름다운 우리말을 들으면 당신은 가슴은 어떤가?

내 가슴은 비밀스러운 무언가를 고백할 때처럼 두근두근, 그러다가 터질 것 같다.

마흔 살 이쪽 저쪽부터 나는 우리말과 글에 점점 깊이 빠졌던 것 같다. 젊은 나이에 아호雅號를 쓰는 건 좀 같잖다 싶어서 쉰이나 넘으면 가져보자, 유념하다가 마침내 때가 되어 자호自號를 지었다.

'글보', 그것이 내 한글 아호다.

'보'는 어떤 속성이나 잘하는 행동적 특성을 나타내는 접미사다. 그러니까 밥보, 떡보, 느림보, 술보, 먹보라고 할 때의 '보'다. 잘하는 행동적 특성을 나타내는 접미사라고는 하나 은근히 못난 뜻도 품은 바라 딴에는 겸손코

자 하는 지향을 담았다.

'글보'는 '글 좋아하는 바보', 뭐, 그런 정도의 의미다.

나는, '맑푸른' 가을하늘, 그렇게 만들어 쓰기도 한다.

나는, '술오줌'이 마려워 참을 수가 없었다. 그렇게 만들어 쓰기도 한다.

> 우리는 달바라기
> 달을 보고 살아요
> 태양은 눈부셔서 눈물이 나요
> 그래서 날마다 달만 보고 산대요.
> — 내 중편소설 「달바라기」 중에서

육이오 직후의 아이들은 눈부신 태양을 지향하지 못하고 마치 달만 바라보고 사는 것 같이 어두운 하루하루를 살았다. 그래서 그런 시대상의 상징으로 만든 말이 해바라기 아닌 '달바라기'였다. '달바라기'는 사전에도 없는 말이다. 1980년 『창작과 비평』 봄호에 내가 중편소설의 제목으로 처음 쓴 말이다.

인터넷 검색어를 치면 '달바라기'가 곳곳에서 보인다. 많은 이들이 '달바라기'를 아름다이 여겨 가져다 쓰는 것이니 내 어찌 즐겁지 않으랴. '달바라기'는 내 가 낳은 아이지만 이미 내 아이가 아니다. '달바라기' 많이들 쓰시고 사랑하시라.

우리는 외치고 싶다. 우리들의 '글을 보라'.

우리들의 글은 폭포수가 떨어져 일으키는 '글의 물보라'다.

우리들의 '글 빛깔은 보라'다.

그렇게 세 가지의 뜻을 담아 아줌마들의 문학동인 이름 하나를 '글보라'라고 지어주기도 했다. 그들이 아끼고 사랑한 지 벌써 스무 해가 다가온다.

'막걸리'가 질리면 '탁걸리'라고 하시라. 훨씬 술맛이 날 것이다.

어느 나라말에 '꽃샘추위' 같이 오묘한 말이 있으랴.

이 땅에 태어나, 아롱거리는 말을 쓰다 가노니 나는, 행복한 글쟁이다.

우리말 우리글은 아름답다. 상상력의 보물창고다. 우리 아이들과 젊은이들의 뛰어난 감성에 논리적 사고를 보태면 무시무시한 창작물이 나타날 것이다.

훈민정음의 창제원리는 깨소금처럼 고소하고 재미있다. 뜻은 깊고 논리는 정연하다. 휴대폰의 문자 쓰기는 훈민정음 자모음의 제자 원리를 알면 5초 안에 그 기능을 익힐 수 있다. 기계치에 가까운 나도 단 10초에 깨쳤다.

경제적 가치도 무한하다. 우리말을 무시하고 활용하

지 못하는 것은 유능한 조상이 준 수천 조 달러의 문화유산을 무능한 후손이 싸구려로 경매에 내놓을 꼴이다.

1980년대에 꼬부랑말이 하 난무하기에 이런 글을 쓴 일이 있다.

『아이들은 어제그제 '쌍쌍바'에 '키스바'에 '쪽쪽바'를 먹었고 오늘은 '뽀뽀콘' '다링콘'에 '싸만코'나 '데이트'를 먹고 내일은 '사모나' '조안나'에 '투게더'나 '키쓰차'를 먹을 것이다.

집안에 아내나 집사람은 없어도 '와이프'는 모셔두고 있다. 자가용의 열쇠는 없어도 '키'는 반드시 가지고 다니며 피서는 못 가도 '바캉스'는 간다. 음료수를 마셔도 '잔'보다는 '컵'으로 마셔야 더 고급스럽다.

'프로스펙스' '나이키' '아식스' '아디다스'를 신고 '스포츠웨어'를 입은 청소년들은 '팝송'을 부르며 '무드'에 젖는다. '탈무드'는 안 읽어도 '탈시드'는 복용할 줄 알고 중늙은이들조차 심플한 '디자인'의 '스포티'한 '패션'을 즐겨 입는다.

국산 이빨이라도 '페리오' 치약으로 닦아야 하고 라면을 먹어도 '해피소고기' 라면에 훨씬 행복을 느낀다. 인삼 '드링크'에 '파낙스디'를 먹으면 병약자도 기고만 장할 것이다.

피아노 '레슨' 다니는 유치원생 딸에게 '다이제스티브'

같은 과자를 먹이면 혓바닥이 나긋나긋해져서 통역이라도 금방 해낼 것이다.

온 겨레가 끼니마다 밥상 '테이블'에 앉아서 '스푼'으로 '스프'를 떠먹을 날도 머지않았다. 한다 하는 보국숭록대부 고관이 투강 투강하길래 요강에 빠져 죽는다는 줄 알았더니 '투항投降'을 그렇게 말한 것이고 대학물이나 먹었다는 아나운서도 '영면永眠했다'를 '영민했다'고 감미롭게 속삭인다.

젊은이 어른 할 것 없이 참새, 개구리, 식인종 시리즈'에 낄낄거리고 '백만이 설설기는 공포의 주둥아리'를 '백설공주'라 줄여 말한다. 그러고는 재치 있는 언어감각인 양 히히덕거린다.

금강, 한강, 낙동강이 요강 신세로 전락한 것처럼 우리말도 쓰레기처럼 너절해졌다. 육이오 직후의 혼혈아를 보면서 느꼈던 아픔처럼 순수혈통을 잃어버린 요즘의 모국어는 혼혈어다.

외국어는 우리말의 부족을 채워야 할 문화적 필요가 있을 때에만 써야 한다. '상자'라고 해도 될 것을 굳이 '박스'라고 한다면 그 사람은 '박스'라는 꼬부랑말을 아는 것이 아니라 '박스'에 해당하는 우리말을 모르거나 천시하는 것이다.

우리말이 너무 쉽게 외국어에 물들어 간다.

파랑 옆에선 파랑이 되고 노랑 옆에선 금세 노랑이 되는, 무한 가변의 논리, 그래서 우리는 물들기 쉬운 흰옷의 겨레란 말인가?

깨끗한 말이 고귀한 영혼을 담는다. 국어는 우리의 피다.

'금강, 한강, 낙동강이 요강 신세로 전락한 것처럼'이란 대목도 있는 걸 보면 그 무렵에 벌써 4대강의 운명을 예언이라도 한 것 같아 내가 쓴 글인데도 섬뜩하다.

나는 국수주의자國粹主義者가 아니다. 국수도 먹지만 수제비도 즐겨 먹는다.(욕 먹을 각오하고 썰렁한 '개그' 한 번 떨었다.)

필요하면 영어도 쓰고 스페인말에 중국어를 써도 좋다. 어차피 각국의 언어는 서로 넘나드는 것이다. 그게 문화의 소통이고 교류다. 문제는 우리말을 홀대하는 경향이 너무 심하다는 것이다.

국어교육, 국사교육의 철학은 사라진 지 오래다.

교육부장관은 8개월이나 1년, 길어봤자 한 2년쯤 하고 물러나는 자리가 아니다. 적어도 대통령 퇴임 사흘 전쯤에 퇴임해야 그것이 정상적인 나라다. 아니 교육부 장관은 잘만 뽑으면 대통령과 상관없이 10년, 20년씩 해야 마땅한 자리다.

판사의 판결문이나 검사들의 공소장은 왜 그렇게 길고 긴 만연체인지 명 짧은 놈은 듣다가 임종하게 생겼고, 왜 그리 어려운지 '영어'로 통역해야 알아들을 것 같다.

의사가 말하는 슬관절 고관절은 어디에 붙은 건지 정육점에 문의해야 알 것이다. 대학 나와도 진정서 한 통 쓸 수 없어 슬픔을 진정할 수 없고, 제 힘으로 소송하려면 법과 대학에 재입학이라도 해야 할 것이다. 뭐든지 우리말로 자기 의사를 표현할 수 있어야 한다. 법률용어, 행정용어도 쉬운 우리말로 쓰여야 한다. 그것이 민주화의 바탕이다.

끼리끼리의 언어가 전문성이라는 이름으로 포장되어 쓰인다면 그것도 일종의 조폭 문화에 지나지 않는다. 전문성을 빙자하여 밥 먹고 돈 벌자는 사기행각이다.

초등학교에서부터 한동안 우리는 순 우리말 용어를 많이 배웠다.

심장은 염통, 신장은 콩팥, 담은 쓸개, 방광은 오줌보, 단백질은 흰자질, 지방은 굳기름, 탄수화물은 녹말, 호흡은 숨쉬기, 혈액순환은 피돌기, 변온동물은 찬피동물, 포유류는 젖먹이동물 또는 젖빨이동물, 혈액형은 피뽄, 백혈구는 흰피톨, 적혈구는 붉은피톨….

그 시절이 그립다. 한자 지식도 없는 사람들이 웬 한자어를 그리 좋아하는지 그것 참, 참말로, 내가.

티브이도 '틀린 말 사용 제동 장치 시스템'이 없는 것 같다. 티브이는 5천만 시청자에게 영향을 주는 매체가 아닌가. 예컨대, 티브이에 나오는 엠시나 아이돌도 '쥐포'라는 말을 쓴다. 기가 막혀 말이 똥구멍으로 들어갔다가 깜짝 놀라서 도로 나온다.

'치'는 생선을 가리키는 접미사다. 갈치, 멸치, 참치, 가물치, 넙치, 준치가 다 그런 무리다. 따라서 '쥐치'는 쥐처럼 생긴 물고기를 가리키는 말이다. '포'는 말린 고기를 가리키는 말이다. '대구'를 말린 것을 '대구포'라 하듯 '쥐치'를 말린 것이 '쥐치포'다. 그러니까 '쥐포'는 쥐를 말린 고기여야 한다.

당신들은 설마 '쥐 말린 고기'를 먹지는 않을 것이다. 그런데도 대한민국의 방송에서는 탤렌트며 아나운서들이 '쥐포'를 먹는다고 말한다. 이야말로 엽기적인 식성이다. 우리말 사용의 의식이 정신박약아 수준이다.

어느 분의 글에서 읽었는지 기억이 가물가물하다.
그분이 지적했다.
'얼룩말'은 틀린 말이다. '줄말'이라고 해야 옳다.
논리적으로 타당한 지적이다. 아프리카의 '얼룩말'은

'얼룩진 말'이 아니라 '줄 이 그어진 말'이다. 이런 오류는 수없이 많다.

'기린麒麟'은 원래 상상의 동물이었다. 그런데 아프리카의 'a giraffe'가 전해지 는 과정에서 이것을 '기린麒麟'이라고 한 것이다. 그러니까 '상상의 동물 기린'은 건들지 말고 'a giraffe'를 가리키는 말을 따로 만들었어야 했다. 지금 사전에서 기린을 찾으면 아프리카의 'a giraffe'와 '상상의 동물 기린' 두 가지가 나온다.

오랜 동안의 잘못이 굳어져 바로잡기가 어려워졌다. 이를 어쩐다?

'되'나 '말'은 쌀이나 보리를 담아 헤아리는 전통적인 도량형 단위다. '되'는 나무로 만든 네모꼴 육면체 그릇이고 '말'은 원통형이다. 한 말은 열 되다. 쌀 한 되로 밥을 지으면 너댓 사람은 먹을 수 있다. 1950년대에는 쌀 한 말로 한 달 하숙비를 치르기도 했다.

'됫글 배워 말글로 써 먹는다'는 말이 있다.

글을 배운 것은 적은데도 가장 효과적으로 써 먹는다는 뜻이지만 부정적으로 쓰는 속담이다. 얄팍한 꼼수로 아는 것을 뻥튀기하는 사람을 조롱할 때 쓴다.

10억 정도의 재산가가 1000억 정도의 재벌인 양, 행세할 때 비아냥거리는 뜻으로 비유하면 딱 좋다.

자, 이쯤 하고 요즘 어느 패션잡지에 실린 글 하나를 보자.

"이번 스프링 시즌의 릴랙스한 위크앤드, 블루 톤이 가미된 쉬크하고 큐트한 원피스는 로맨스를 꿈꾸는 당신의 머스트 해브. 어번 쉬크의 진수를 보여줄 모카 비알레티로 뽑은 아로마가 스트롱한 커피를 보덤폴라의 큐트한 잔에 따르고 홈메이드 베이크된 베이글에 까망베르 치즈 곁들인 샐몬과 후레쉬 푸룻과 함께 딜리셔스한 브렉퍼스트를 즐겨보자!"

이런 문장이 '뒷글 배워 말글로 써 먹는' 표본이다.

이 글을 쓴 사람이 영어의 달인일 것이라고? 그런 생각은 추호도 하지 마시라. 쥐꼬리만큼 아는 영어단어로 미국 티브이에서 사회 본다고 껍적대면 얼마나 눈꼴이 시어터지겠는가.

단독직입적으로 걸게 말한다면 '지랄' 같은 문장이다. 시골에 사는 할아버지 할머니들도 웬만큼 알아듣게 문장 쓰시라. 옳거니, 그들은 위의 문장과 상관없는 소비자다, 뭐 그런 뜻인가?

우리말과 한글의 현재는 그 몰골이 처참하다. 무개념 국어교육정책으로 변종 괴물이 되었다.

주어와 서술어 사용의 기초가 무너진 문장들이 판을

친다. 메이저리그 진출 후 처음으로 두 자릿수 탈삼진을 기록한 류현진이다.

바로 잡음 → 류현진은 메이저리그 진출 후 처음으로 두 자릿수 탈삼진을 기록했다.

승수 쌓기를 위해 습관을 바꿔볼 필요가 있는 류현진이다.

바로 잡음 → 류현진은 승수 쌓기를 위해 습관을 바꿀 필요가 있다.

시큰둥한 반응이다.

바로 잡음 → 반응이 시큰둥했다.

이런 보기를 속 터져서 어찌 일일이 들겠는가.

미국의 햄버거나 핫도그를 먹는다고 누가 뭐라겠는가.

프랑스의 달팽이 요리 에스카르고를 먹는다고 누가 뭐라겠는가.

이탈리아의 피자나 파스타를 즐겨 먹는다고 누가 뭐라겠는가.

그러나 보쌈김치와 깍두기, 된장찌개, 송편, 비짓국을 깔아뭉개고 날마다 햄버거 피자로 세 끼를 먹는 식이라면 곤란하다.

문화는 상호 존중으로 넘나들어야 하지만 제 것 사랑이 바탕이 될 때 뭐가 되어도 되는 것이다.

우리말과 한글은 우리에게 무시당하고 모욕적인 대접을 받을 만큼 무가치한 말글이 아니다.

글을 쓸 때 다음과 같은 원칙을 정하고 쓴다면 당신은 숨은 애국자다.

가능하면 순수한 우리말로 써야겠다, 그렇게 다짐하며 쓰고 → 순수한 우리말이 없으면 한자어를 쓰고 → 그 다음에 꼭 써야 할 외래어를 쓰고 → 어쩔 수 없으면 외국어를 쓰되 남용하지 말고 적당한 설명을 덧붙이면 좋을 것이다.

자칭 지식인, 지성인이라는 분들은 어려운 한자어나 외국어를 마구 쓰고, 우리 말 사용에서 알아야할 기초지식 따위는 외면하기 일쑤다. 그런즉 배운 이들이 올바른 글쓰기의 본을 보여야 할 것이다.

1994년 프랑스의 문화부 장관 자크 두봉은 프랑스어 보호를 위해 '두봉법'을 제정하였다. 프랑스에서 팔리는 모든 제품과 서비스의 광고와 상표, 사용 설명서에 프랑스어의 사용을 의무화했고 티브이와 라디오 광고들은 외국어로 방송할 수 없다.

우리말 보호를 위해 한국은 무슨 정책을 펴고 있는가?

한글 전용과 국한문 혼용의 의견 대립이 '글'에 대한 문제였다면 영어 공용화론은 '국어'와 '경제 논리'의 대립이었다. 대립은 해소되었는가?

우리에겐 지금 언어정책과 철학이 없다.
프랑스 같은 나라가 한글을 가졌다면, 그들은 가꾸고 가꾸고, 아끼고 아끼고, 사랑하고 사랑해서, 일 년 열두 달 덩실덩실, 지화자 좋다. 프랑스글 만만세, 축제를 열 것이다.
한글을 품에 안고 어딘가를 여행하라.
우리가 얼마나 바보 멍청이인지 알 것이다.
알았다면 한바탕 통곡하고 돌아오라.

종이비행기

ⓒ 김수남, 2025

발행일	2025년 11월 11일
지은이	김수남
발행인	이영옥
편집인	송은주
펴 낸 곳	도서출판 이든북
출판등록	제2001-000003호
주　　소	대전광역시 동구 중앙로 193번길 73
전화번호	(042)222-2536	팩스(042)222-2530
전자우편	eden-book@daum.net
카　 페	https://cafe.daum.net/eden-book
공 급 처	한국출판협동조합
	전화 (02)716-5616　(031)944-8234~6

ISBN 979-11-6701-373-6 (03810)
값 13,000원

* 이 책의 판권은 지은이와 이든북에 있습니다.
* 이 책 내용의 전부 또는 일부를 재사용하려면 반드시 양측에 서면 동의를 받아야 합니다.